大夏书系 | 教师专业发展

怎么做教学管理

给教学管理者的
35个建议

费岭峰 / 著

华东师范大学出版社
·上海·

目录

自序　我的教学管理故事　001

第一章
管理思想涵养

◎ 建议1：学校期盼有思想的教学管理者　003

◎ 建议2：努力做一位有思想的教学管理者　008

◎ 建议3：重视实践活动对涵养管理思想的意义　014

◎ 建议4：学校教学管理者应树立全局思维　019

◎ 建议5：学校教学管理者应培养团队思维　024

◎ 建议6：学校教学管理者应具备整合思维　029

◎ 建议7：学校教学管理者应善用亮点思维　034

第二章
常规管理策略

◎ 建议 8：用发展的眼光看教学常规　041

◎ 建议 9：教学常规管理应由"督"走向"导"　046

◎ 建议 10：备课管理应从重"形式"走向求"实效"　051

◎ 建议 11：常规听课应实现功能的拓展　056

◎ 建议 12：作业管理应明晰功能与重心　061

◎ 建议 13：课程建设应成为常规管理的重要内容　067

◎ 建议 14：发挥"工具单"在常规管理中的作用　072

▣ "常规管理"示例

　　评·研·引·用：学校课堂教学评比模式创新　078

第三章
研修活动组织

◎ 建议 15：充分认识校本研修的意义及面临的困境　085

◎ 建议 16：实践"以师为本"的校本研修活动　090

◎ 建议 17：借系统思维凸显校本研修的"研修"特质　096

◎ 建议 18：校本研修主题确定需作好可行性论证　102

◎ 建议 19：利用"导研"技术提高教师研修参与度　108

◎ 建议 20：开展信息技术背景下的"线上线下"混合式研修　114

◎ 建议 21：应重视教师参与研修后的行动跟进　121

🗇 "校本研修"示例

　　依托导研工具，提升教研质量　127

第四章
校本科研管理

◎ 建议 22：学校教科室主任需明确职能定位与角色担当　135

◎ 建议 23：学校应做好教育科研顶层设计　142

◎ 建议 24：于关键节点处抓实课题研究过程管理　149

◎ 建议 25：扎实以"三研"为重点的课题研究实践活动　155

◎ 建议 26：将成果展示推广做成常态交流研讨活动　160

◎ 建议 27：学校应努力建设好校本科研"资源库"　167

◎ 建议 28：让研究成为教师专业发展的自觉行动　174

🗇 "科研管理"示例

　　学校"以校为本"科研顶层设计与实施　180

第五章
骨干团队建设

◎ 建议 29：学校需建设优秀的专业骨干团队　189

◎ 建议 30：以"品牌建构"的理念建设学科教研组　196

◎ 建议 31：发挥"捆绑式"评价在教研组建设中的作用　202

◎ 建议 32：培育促进专业发展的"教师自组织"　210

◎ 建议 33：学校可建设一支教师专业发展指导队伍　217

◎ 建议 34：建设"师徒成长共同体"促教师群体专业发展　223

◎ 建议 35：相信教师能成为学校的主人　229

▫ "团队建设"示例

　　顶层设计 + 精准施策："入格"教师成长密码　235

参考文献　241

后记　让教学管理的体验物化留存　245

自序

我的教学管理故事

一

在任校长助理之前,我是一名普通的一线教师。如果要说之前做过的与教学管理相关的工作,那就是学校教导处的教务员,这个任命是1998年7月间的事情。而这一年的8月上旬,区教育局一纸调任书,把我从工作了十年的学校调往了另一个乘公交车需要转车、骑电动车需要半小时路程的乡镇任职任教。从此,我也便开启了为期五年的"早6晚6"一天12小时的日常工作模式。

每天早上6点必须起床,如果碰到哪一周值班,那这一周每天都得在6点之前起床。吃过简单的早餐后,骑着那辆新买的电动车上路,一般在7点10分左右到单位。到了办公室,得重新想想一天的事。虽然可能已经在一周前就排定了这一周每天的工作任务,但每天早上还得捋捋:今天有没有下校视导的任务?我的课在第几节?某个年级的研讨活动排在第几节?区里申报的课题材料什么时候必须交?我要不要再提醒下几个申报的老师?学生昨天的作业是否有大问题?要不要今天在上新课前再强调下?……事无巨细,看到摆在办公桌上随手记录的事务单后,心里才感觉踏实。

因为有比较细致的计划与安排,每天的工作倒也有条不紊地进行着。最害怕的是哪一天突然来了个临时的任务,需要我去参加。那么这一天的工作就有可能被无情地打乱。所以，我特别感谢那位曾跟我说"你只管按你的工作计划来，有什么临时的事情，由我来应对就行了"的校长。这期间，当碰到工作上有冲突时，我经常能够按原计划进行，工作也基本能够在计划时间内顺利完成。因此，我特别感谢那位校长。也因为有过这样的体验，当我调到区教研室工作后，如果涉及下校的事务，一般至少提前一个星期与学校相关人员联系好，确认好时间，为其将相关工作纳入学校周工作计划留足时间，从而做到尽量不影响学校的原有工作安排。

那些在乡镇中心小学教学与管理的日子，还是相当充实的。学校每周一次固定的行政例会，安排在周五的居多，偶尔会换到周一上午。因为中心小学下辖十来所小学，需要每周安排一到两次的下校工作视导，一般安排在周二到周四的几天里，特殊情况会有调整。每每碰到下校工作视导的日子，我的数学课就需要调换。所以，对我来说能够正常按课表上课的时间，按当时每周6节数学课来算，最多能够保证3节按课表上已经算是不错了。反正我把两节课调换集中在一天时间里上的情况远远比每天上一节的时候要多，好在班中的学生也已经习惯了。正因为此，我的教学进度总是大大慢于一般的老师，最夸张的一次是比镇里同一年级进度最快的老师慢了一个多月。

二

在乡镇学校工作的日子里，每每遇到外出参加会议或研讨活动，我感觉还是比较幸福的。特别是在那些让人总想赖在床上不想起来的冬日，更是如此。因为去城里的话，一是不必这么早就起床；二是不用骑那电驴迎风流泪；三是因为很多会议或活动只是作为参与者，只要带着眼睛和耳朵，愿意听就听点，累了不想听也可开个小差，走个神什么的。可以让我安静一天，不必奔波于活动场地与教室之间，也不必为学生的作业状况而烦恼，更不必为那些催交的材料烦心了。

如果是参加会议，一般只要大致领会会议的精神即可，至于回去如何操作落实，很多是实践层面的事情，会上往往不会那么具体的，也不可能具体。如果是研讨活动，虽然很多时候会有讨论交流的时间，你当然可以主动出击，说说收获，谈谈问题，表达一些建议或想法，但相比较来说，花费的精力和心力比你自己组织策划活动那可是不知要少多少了。有时你甚至可以做个纯粹的参与者、旁观者，以聆听为主，思考为主，松弛下紧张的神经也未尝不可。那个时候，对于一名乡镇学校的教师兼学校管理者来说，这样的会议或活动，更像是一种比较好的休闲模式。"忙里偷闲"，也许说的就是这种感觉了。

当然，如果你是一位承担着语文或数学学科教学任务的教师兼学校管理者的话，你对出来"偷闲"了一天之后回到学校里忙碌会"加倍奉还"的滋味肯定是心有余悸的。你开完会的第二天，你的办公桌上一般会有昨天学生的家庭作业等待你的批阅，这一天顺利的话，你可以上两节数学课（或语文课，有时候语文学科的课时量比数学还要多两三节）。我是说"顺利的话"，因为如果这一天还有需要你去组织策划研讨之类的活动的话，这节缺上的课，可能得往明天再推一下。如果"顺利的话"，你明天倒可以连着上两节课了。但明天可能又会有明天的工作安排。于是，你的焦虑已经不在于完成这节补的课的任务，而在于需要想想如何将两节课的内容合并成一节课，又能让班中40多位学生理解、掌握了。这个过程倒也确实可以提升自己的教材整合力与教学设计力。

三

因为承担了管理的工作，所以日常的工作除了教学，还有管理。现在的学校里，如果你是一位担任某门学科教学任务（特别是语文、数学、科学与英语等教学内容与课时量相对比较多的学科）的学校管理者，你的学科教学可能只是你的副业了。这是我的感受，也是同行们的感受。曾经有个声音，学校里的管理者也可以设置专门的岗位，单独列出来，这样的声音虽有偏颇，却也不无道理。

从现状来看，担任学校管理者，特别是中层与副校级领导的学科教学时间经常被挤占，换课调课是常态，对学科教学质量的影响肯定是有的。有人认为，管理者兼任学科教学，不就是每天上一节课吗？可以说，他根本就不了解教师的工作，学科的教学。如果某位教师任教了一门文化学科，除了备课、上课，还有作业的设计与批阅，如果再算上后进生的辅导与优秀生的

"提优"，那就更是不知道要多多少的工作量了。我们应该因材施教，还不能让一位学生掉队，说说容易，做起来实在不易。如果说备课可以用晚上时间自己独立去完成，那么"提优与补差"肯定不能用晚上的时间，只能是在学校里面对学生的时候才能进行。那么这些时间又从哪里来呢？只有挤出来，而且还得是从学生在校的时间里挤出来的。

现在学校的管理层任命采用的是"教而优则仕"，理念是对的。唯有专业能力强的人才有胜任教育教学管理工作的可能，事实也确实如此。但对于在那个岗位上身兼数职的人来说，挑战是极其大的，很多时候他付出的努力一般人感受不到，一般教师也体会不到。唯有做过的人才有真切的体会。而对于一些既想把管理工作做好，又不想放弃专业发展的教师兼管理者，他的付出一般人是想象不出来的。

在学校承担一门学科教学工作期间，我的备课一般都只能利用晚上的时间完成。周日到周四的晚上8点到10点，一般是我备课的时间。我备课时不喜欢抄教案，喜欢按照自己的理解来设计教学过程，也不太会用学校里统一的格式来备。其实，这也是我的一种管理理念。工作中，在布置统一的任务或者格式要求时，我时常会附上一句："只要你的材料完成得比学校里教导处或教科室统一的要求好，质量高，你可以打破统一模式，用你自己的创新模式来呈现。"因为在我看来，统一的格式只作为底线要求。如果有老师想得更深入，思考得更完善，有了更好的创意，我们为什么不表扬他，而是去否定他呢？事实上，在工作的推进中，如果某位老师在实践中探索出了更好的方法策略，且有一定的推广价值，我还会鼓励其他老师去学习，把这位老师有创意的想法进行推广。

这种做法当然也有缺点，会让一些喜欢"偷懒"的老师找到借口，他们的"不按套路出牌"有时候确实不太好管理。不过，我们不能因为几个人，而否认了大多数老师的责任心和创造力。所以我还是坚持自己的做法，一直为老师们开个"自由创新"的口子，包括现在在教研岗位上，布置一些工作时，也会带上这么一句："如果你有更好的方式，可以不按我们规定的基本要求来操作。"事实表明，大多数老师还是会尊重学校里的统一要求的。

担任了学校12年的教学分管校长，创新管理的方式，探索既促进教师专业发展，又尽量减轻教师负担的管理方式，是我一贯追求的。有一个观念我还一直坚持着：学校教学管理工作的设计与实施尽量体现"教师为本"的理念——基于教师发展，服务于教师发展。以上给教师"创造性地发挥"开一个口子便是这种理念的体现。

四

作为一名教学管理者，压力也是可以预见的。但对于教师的专业发展来说，成为一名管理者也是一条途径。回想一下我的专业发展，快速期应该是在担任教育教学分管校长之时。分析一下原因可能有两个：一是角色的要求，二是指导的机会。

"角色的要求"，其实还是比较好理解的。根据如今提拔学校管理者的理念，能够成为学校里教育教学的管理者，首先得在教育教学工作上有出色的业绩，可以是班级管理出色，抑或是教育教学业绩优秀，还可以是专业水准确实领先一步。但是当成为学校的管理者之后，教师们看待你的眼光会发生一定的变化，在不知不觉中，会提高对你的要求：因为你的位置比我们站得高了，所以你的教育教学水平也应该比我们高；如果你取得的教学业绩还是与我们差不多，或者只是稍稍高出一筹的话，显然不能体现你的水平。这个时候，角色的变化必定促使你付出更多的努力，才能在保持的基础上有所提升。这也应该是一名有责任感的管理者必须具备的心理定位与相应的行动目标。

对于"指导的机会"的分析比较复杂。第一层次的理解，"指导"就是"先学"。作为教育教学的管理者，除了规划未来、策划活动、组织落实之外，指导教师工作是重要的工作内容之一。对教师的教育教学工作作指导，并不是无准备的，而是一个先学、先思的过程。这也是我的切身体验与感受。在指导教师做课题研究时，我会对教师研究的课题先期进行了解，然后结合研究主题进行一定的资料学习，最后才会面对面给教师以相应的建议。平时听课指导时，一般也会如此。我的体会是，这样的先学对于专业发展是很有帮助的，因为它是一种有主题的学习、有目标的学习，对专业的成长更有助益。

五

调到市实验小学工作后,因为住的小区就在学校对面,花在上下班路上的时间就很少了。这个时候的工作时间一般是"早上7点半至晚上5点半"的十个小时,只是因为家离学校近,所以大部分双休、节假日的时间也会在学校里处理一些事务性的工作。来到市实验小学工作时,在教学管理上虽然已经有了一些经验,但市实验小学与乡镇学校的办学定位不同,面对的教师群体不同,社会看待学校的眼光也不同,所以管理压力比以前更大实属正常。一则需要更好地提升自己的专业能力,二来需要有先进的管理理念与扎实的管理基本功。在这个时间段里,对教学管理的思考往往比对教学专业的思考更多些。

比如在对教师业务"管理"的认识上,我在思考,传统的教师教学业务管理,一般以教师个体的行为为指向,把教师教学工作的督查结果作为教师工作考核的重要内容,这造成了教学管理过于注重教师个体的行为,过分突出了管理的考评功能,弱化了指导、研讨、引领功能。所以,我提出,对教师的教育教学管理应由"督导指向"向"研究指向"转变,向促进教师专业成长方面转变。这也是由乡镇学校调任市实验小学,担任学校教学业务的分管校长后,我从管理实践中感受、学习与思考基础上提出的。在后续的实践中,基本贯彻了这样的管理理念。

在学校担任教学管理的分管校长后,我与中层管理团队一起组织学校的常规管理工作,倡导发现亮点,宣传与交流亮点,也是发扬了老校长的管理主张。正是在检查交流中,学校许多教师在常规方面的好方法被发现,也能在学校里进行推广。比如,教师的备课从"写得漂亮"向"用得漂亮"转变的提出,便是来自教师备课视导后发现有的教师备课,虽然没有写在学校规定的表格之内,而是备在教材上,但课堂教学时比较实用。于是便引导全体教师从关注"'写'的形式"中走出来,倡导"'用'的实效"的研究与实践,采取了以"课"察"案"的备课检查方式,突出"课堂现场"的备课理念。同时,我们在常规管理中,实践重"质"轻"形"的备课管理模式,倡导轻负高质的备课方法策略,对备课内容的管理倡导个性化设计,对备课文本的管理关注个性化使用。同时还经常性地开展抓"研"促"教"的备课研讨活动,提升教师的教学设计水平,即通过教学研讨活动,提高教师读懂教材、读懂学生的备课能力。

还有带着中层管理团队,探索校本教研的有效模式。一般学校的教研活动每学期都只是确定的几次活动。我们在"研究指向"的管理理念引导下,对教师的常规听课,提出了"功能的拓展"和"重心的转移",要求从以往仅仅关注教师个体的"教学行为"向不仅关注教师的教学行为,更关注教学"问题解决"与教师"专业提升"转变,突出"问题研究""专业引领"的功能。这样一来,学校的教学研讨活动,除了学期初讨论确定的几次规模较大的以展示研究成果为目的的活动之外,又会生成许多小规模的"教学研讨活动",比如结合跟进式听课的研讨,围绕听课中问题的组内研讨等。由于此类研讨活动研究点的产生来自真实的实践,且是教研组教师真切感觉到的,又相对比较聚焦,所以教师参与性也比较高,研讨效果相对比较好。一般而言,如果是数学学科组在研讨的,我都会参与,并适当进行指导。

在学校工作时,教学是我的日常,管理更是我的日常。因此,也有了对学校管理中的一些问题的思考,喜欢总结提炼一些经验。比如品牌教研组的建设,比如主题式教研活动的设计,比如捆绑式评价的实践,再比如"以赛带练、以评促研"的青年教师课堂教学的研讨等经验,相继成文,并在省级以上杂志公开发表。这也算是日常管理的成果了。"成长是我们生命中永恒的主题,感受到自我的成长无疑是一件惬意的事情。"

不可否认的是,市实验小学教师们的素养比较高,所以我在担任学校分管教学校长期间,能够与这样一个团队一起,在管理实践中学会成长,在管理日常中提升自己,真的是一件值得庆幸的事。

六

至今,做教研员已有 13 年,每每回想起在学校工作时的日常,与孩子们一起学习、一起欢笑的场景历历在目;与同事们一起讨论教学问题、解决教学问题的经历,很是美好。

现在作为区教研室的分管主任,下校直接面对的除了教师之外,很多时候也会与学校的教学管理者们交流，包括学科教研组长、分管校长等。与他们交流谈论教学管理时，看到学校里好的教学管理经验，会激动；谈到教学管理中的问题，会与他们一起思考、讨论，提些建议。这也许就是我们经常说的责任吧。

第一章

管理思想涵养

思想是人类社会有智慧的体现,它是人的一切行为的基础。简单来说,一个人的思想如何,他对事物的判断也就如何。思想决定行动,观念决定行为。

——"教学管理的行与思"

建议1：学校期盼有思想的教学管理者

经常听到这样一些话："做一名有思想的教育者！""做校长要有自己的思想！"这不免引发我们思考：为什么要做一名有思想的教育者？怎样才算是有思想的教育者？学校的教学管理者需要有思想吗？怎样才算是一名有思想的教学管理者呢？若想回答这些问题，我们首先需要明白什么叫思想，思想对于人的行动有着怎样的意义。

思想，一般也称"观念"，属于理性认识，即"客观存在反映在人的意识中经过思维活动而产生的结果"。可以这么说，思想是人类社会有智慧的体现，它是人的一切行为的基础。简单来说，一个人的思想如何，他对事物的判断也就如何。思想决定行动，观念决定行为。教育学者肖川先生曾表述思想的含义："思想就是我们对于事实的描述、解释和预言，就是我们用以诱导、申述、劝说、暗示等等言辞的集合。"[①]爱因斯坦更是对"思想"的重要性作了表述："一个人对社会的价值首先取决于他的感情、思想和行动对增进人类利益有多大的作用。"[②]

一个"有思想"的人，对事物的存在有比较清晰的认识，并能作出既符合社会、时代发展趋势又具有深刻的自我理解的、个性化的判断。换言之，有思想的人，一般不会人云亦云、随波逐流，而是富有主见，善于对事物作深层次的思考，并能准确把握时代发展的趋势，带领团队成员走在正确的方向上。

追溯历史，学校的产生源于以集中的形式为社会培养所需要的人才。虽

---

① 肖川. 教育的理想与信念 [M]. 长沙：岳麓书社，2002：2—3.
② [美] 爱因斯坦. 人类的未来会好吗 [M]. 唐慧，冯道如，译. 南京：江苏凤凰文艺出版社，2015：251.

然在古代能够在学校就读的学生，一般都是贵族子弟，也就是说，有钱人才能到学校去学习。现代意义上的学校，因社会发展的需要，以及教育者能够有计划、有组织地培养社会所需要的人才，所以受教育的对象（也就是学生）也从以前的部分人发展成每一位公民。使每一位公民通过接受学校的教育，成为社会所需要的人，是现代学校所应该承担的义务与责任。显然，时代发展到今天，学校及学校教育所承载的意义及价值已经为时代所认可，为社会所作出的贡献已经为人们所熟知。

学校作为现代社会集中进行教育的场所，有其自我发展的规律。学校教育作为现代社会重要的社会活动，当然需要有思想的教师，更需要有思想的学校教学管理者。因为有思想的教学管理者对现代学校的意义能准确地认识，对现代教育教学理念有深刻理解与把握，他们更懂得利用促进学校教育高质量发展的关键要素，他们会——

一、思考教育本义

教育是什么？应该是每一位教育者所需要思考的基本问题。有思想的学校教学管理者，会时不时地问自己：教育的根本目的是什么？我们所实践的教育行动是不是体现了教育的应有价值，是能够实现教育的最初想法的吗？

教育是一项复杂的工程。很久以来，对于教师的职业定位似乎就是韩愈先生所说的"传道、授业、解惑"。只是对于当代的教育，有思想的教学管理者会去想：这里传的"道"是什么道？授的"业"又是什么业？解的"惑"又是什么惑？这里的"道""业"与"惑"又源于谁？是教育者，还是受教育者？仅仅站在教育者的角度，由教育者确定教育的目标，对于受教育的对象——学生来说，就真的是正确的吗？

诚然，教育应该有目标，但需要有阶段目标和终极目标。教育的最高目标在于促使"人的发展"。只是，"人的发展"到底指的是什么呢？促使"人的发展"的关键因素又是什么呢？一个人怎样才算是有所"发展"了呢？获得学科知识技能，甚至相关学科的思想、经验，会用学科知识解决一些问题就算"发展"了吗？教育者有促进"人的发展"的义务与职能，但受教育者自身有没有"发展"的欲望？如果他自身不想"发展"，教育又能何为呢？促进"人的发展"有统一的方法吗？……

从教育本义的角度来思考教育时，学校教学管理者们可以形成一个基本的价值判断，即：儿童是"一个正在成长过程中的人"，"看待儿童其实就是看待可能性"，"从教育的意义上投入到儿童的工作，赋予孩子们权力，使他们积极地塑造和改变自己生活中的各种偶然性"，这便是教育的责任，也是教育的"最初出发点"。①

二、尊重教育规律

思想会触发教学管理者对教育深刻的认识，促使他们理性地看待教育教学问题，透过现象看到本质。一般而言，虽然有思想的教学管理者表现出来的教育教学理念比较先进，但尊重教育规律却始终是他们开展工作的基本原则。

树立教育的中心是"人"的教育观。有思想的教学管理者，应坚持做到"目中有人""法中有人""分中有人"。②"目中有人"是从教育的本质上来说的，作为一名学校的教学管理者，以立德树人为核心目标，全面设计并开展学校的教学管理活动，是其最基本的工作修养；"法中有人"强调的是"管理无定法只要得法"，这里所说的"得法"更多是指适合于受管理对象的管理方法；"分中有人"更多是从评价观、质量观的角度来说的，有思想的教学管理者善于看到"分数"背后教师、学生们付出的努力，看到学生的能力水平，更要能读懂学生的学习心理，从而帮助教师、学生准确地认识自己、发展自己。尊重教育规律还包括对学校教育意义的认识。学校的存在与发展，与培养人、发展人的社会需求是密不可分的。对于一名有思想的教学管理者，当然不能只将目光停留于知识教学的管理，更应该上升到对人的素养发展与能力提升的角度来思考教学管理的问题，实践教学管理的理念。学校要吸引学生来，不仅仅引导孩子"打开经验世界，发展抽象能力"，实现

---

① [加]马克斯·范梅南.教学机智——教育智慧的意蕴[M].李树英，译.北京：教育科学出版社，2001：1-5.
② 费岭峰.教育的中心是"人"[J].人民教育，2019（7）：41.

"与世界的真正联结"①，还需要促进学生的"社会性发展与价值观形成"。②

三、认同专业价值

学校教学管理的内容是与教学相关的一切事务，管理的直接对象是教师。对于教师而言，虽然其行为有《教师职业道德规范》与《教师专业标准的基本内容》等行政法规制约，但在学校的管理实践中，却又需要有相关的管理细则给予规范与引导。有思想的教学管理者，能够清醒地认识到教师发展是学校教育教学质量保障的重要因素，也是学校特色形成与发展的关键。因此，他们特别注重激发教师的专业发展欲望，设计有利于教师专业成长的活动，通过理解、认同、激活、推动引领与肯定等方法策略，助力教师的专业成长。

"双赢"是有思想的教学管理者的基本工作理念。虽然从管理要求来看，需要学校教学管理者思考问题的视角更高，看待问题的眼光更远，但在实践过程中，更需要实现学校发展与教师发展的双赢，需要对教师自主成长过程中的行动给予认同。有思想的教学管理者对教师的工作有一种切身的认同感。他们对工作有自身的理解，但也会认可教师们有创意的思考与实践。他们信任教师，肯定教师付出的努力，真诚地为教师的成长感到高兴。而且他们善于换位思考、站在教师的角度上思考分析问题，提出建设性的意见。

有思想的教学管理者，不仅会发挥制度的保障效用，更会设计有着丰富的价值内涵和精神旨趣的活动，来激发教师的工作热情，从而提升教学管理的品质。比如在教师团队精神的培养中，不是采用说教、讲授的方式进行规劝、督促，而是运用趣味性的、文体性的团建拓展培训方式进行，使教师们在参与活动的过程中，发挥特长，增进了解。有思想的教学管理者还会搭建平台，提供机会，使更多的人有机会参与到活动中来，在体验的过程中，发展自我，提升自我，会充分利用学校的专业资源，创设有利于教师发展的情境，引导教师积极参与到活动中来，主动地发展。有思想的教学管理者，还会是一位合格的甚至是高素质的引领者。因为对于他们来说，他们很清楚自

---

① 黄武雄. 学校在窗外[M]. 北京：首都师范大学出版社，2009：50.
② 费岭峰. 学校意义的再思考[J]. 浙江教育科学，2019（4）：63-64.

己的言行在教师心目中的地位。比如对于学校的各项工作,希望得到老师们的认可,首先自己得认可;对于教学工作,希望老师们去热爱,那么他们自己首先得去热爱,而且是真诚地热爱。有思想的教学管理者,会以比教师更高的要求来要求自己,以比教师更为投入的心态投身于学校的教育教学工作中去。而这些,是其引领教师的资本。

四、注重科学管理

科学管理的概念来源于泰勒的管理理论,发展至今,已经由着眼于"事"的实证式管理转向了着眼于"人"、体现为实证与人本相结合的管理。因此,科学管理的核心是尊重人,突出人在管理过程中的主动性与个性化。当然,对于学校的教学管理来说,说到底,学校里的一切教育教学管理活动,最终的目的都指向于学生的学习与生活,为培养有素养的学生服务。因此,全面的质量管理是学校教学管理的基本出发点,也是科学管理在现代学校管理中的具体体现。正如有校长提出的"三全一多"的质量管理理念,即全过程、全成员、全方位、多方法[①],不仅使教学管理着眼于本范围之内,而且将其置于学校发展的全局层面,无疑让质量管理更完整、更科学。

比如学校在针对学生的学业评价管理中,"重分轻能"的现象仍然比较突出,对学生的学习过程缺少关注,缺乏学生学习问题诊断的方法策略等。有思想的教学管理者,一般会站在更高位的视角,树立科学的质量观,整体思考质量评价问题。他们不会坐等相关政策,而是主动求变,树立"评价为改进学习与教学"的测评观,积极探索着眼于学生素养评价的质量评定方法。如有学校在实践的"基于监测数据分析的学习诊断与教学改进"的探索;有采用"分项等级评价"代替原有的"一考给定成绩"的学业评定方式,尝试解决学业质量评价中过于单一的问题;还有以活动式的表现性评价替代以往简单化的纸笔测试;等等。这些教育质量综合评价的改革,都是在努力改变以往单一的纸笔测试的不全面,以更为多元、多向、多维的素养评定来评价学生,关注学生,最终为提升学生的学习素养服务。

---

① 郑杰.忠告中层:给学校中层管理者的47封信[M].上海:华东师范大学出版社,2013:67-69.

建议2：努力做一位有思想的教学管理者

学校期盼有思想的教学管理者。有思想的教学管理者也确实能从教育的本义出发思考教育教学问题，实践"以人为本"的学校管理行动；尊重教育教学规律，尊重专业的学术地位，建设更科学、更合理的学校管理机制，以保障学校教育教学管理的高质量实施。"做名校长首先要有自己的思想"，这是北京市第二实验小学原校长李烈对任职校长经历的感悟。她说：校长唯有自己的思想，才会"对学校发展、对办学、对建设教师团队等等有思考，并且要形成独立的见解"[①]。杭州市学军小学原校长杨一青的观点"管理者要成为思考家、实干家、外交家"[②]中的"思考家"，同样是对学校管理者需要有思想的诠释。

那么，问题又来了：一线的学校教学管理者，怎样才能涵养自身的管理思想，努力做一位有思想的教学管理者呢？

一、思想涵养的三个阶段

思想作为一种观念层面的理性认识，它的形成还是有一定的规律的，它是人们对事物认识的明晰化、深刻化的过程。教学管理者管理思想的形成同样会经历这样的过程。一位学校教学管理者管理思想的形成一般需要经历以下三个阶段。

---

① 李烈.给生命涂上爱的底色[M].北京：高等教育出版社，2005：148–162.
② 杨一青.搭建飞翔的舞台[M].北京：高等教育出版社，2005：148.

阶段一：朦胧感知阶段。思想产生的初始，并不一定是清晰的。有时候只有一种朦朦胧胧的感觉，然后慢慢地为自己所认同。当然，这种感觉或认同的产生包括两种可能，一是产生于自我的实践，另一种可能来自外在的观点。比如李烈校长的"以爱育爱"的办学思想，更多是源自自身对教师这一份职业的认识。[①] 而外在观点认同，则需要有对相应教育思想的核心内容的把握，然后会产生"这种观点很有道理，可以成为我实践的指导思想"之类的想法。

阶段二：实践体认阶段。思想的内化，需要有认同，还需要有实践的体认，才能更好地理解其内涵，把握其本质。以作为一种教育教学理念的"学为中心"来分析，在实践的过程中，发现其内涵可以有两个层面的理解：一是以学习者为中心，二是以学习为中心。两者之间有相通性，也有一定的区别。"学习者为中心"突出的是以学习主体为重的定位，教学设计需要有对学习者学习起点与学习特点的思辨；"学习为中心"则突出了目标取向，从"教学"取向走向"学习"取向，关注学习者，也关注过程。这样的理解与认识，是需要通过一定的实践来加深的。

阶段三：系统思考阶段。"在心念思维中，经由思考之后，信息内容所凝结的架构或范式，即为思想。"基于一种观念形成的思想，需要有一定的结构化思考，从零散的点式触及上升到整体的面式、体式的建构，最终形成有体系的系统思考。仍以"学为中心"为例来说，当其成为一位教学管理者的管理思想之时，必然会在课程内容、教学过程以及评价维度上有所体现。

二、教学管理思想涵养的基本路径

一位优秀的教学管理者，其管理思想并不是天生就有的，而是在后期的实践中，通过实践、学习与思考等方式涵养的。其管理思想形成的过程中，一些诸如时代感、教育教学的前沿理论、思维方式的独特性与育人观念的形成，都是极为关键的影响因素。

---

① 李烈. 给生命涂上爱的底色 [M]. 北京：高等教育出版社，2005：148–162.

（一）把握时代脉搏，敏锐感知教育发展的方向

教育是面向未来的事业，是需要向前看的。故此，一名有思想的教学管理者，其思想的形成虽离不开对传统教育教学思想的继承（比如孔子提出的"有教无类"，《学记》提出的"教学相长"等），但更离不开对当今时代发展方向的把握。

在这个现代信息技术迅猛发展的时代，已经有这样一种观点，互联网学习可以取代学校教育，认为学生可以足不出户学习知识、发展能力，甚至可以成长为专业的人才。这样的观点虽然有些偏颇，但至少从学习方式上给学校教育提出了挑战，"互联网+教育"的积极探索应该成为每一位学校管理者从思想到实践的重要内容之一。由此，需要学校教学管理者们的知识观、教学观发生变化，必须树立起知识本身只是个载体，利用知识引导学生经历学习研究的过程才是教育之道。比如，"在给学生讲授数学定理、数学问题时，与其着眼于把该定理、该问题本身的知识教给学生，还不如从教育的角度利用它们"[1]。从重知识的传授，转向发展学生的能力，培养学生的学习素养，已经成为了这个时代教育变革的重要内容与特征。

同时，"从标准化到定制化""从统一化到多样化""从对手关系到合作关系""从独裁专权到共享领导""从被动服从到主动创新""从专业服务到自我服务""从门类化到整体化"……已经成为了信息时代的基本特征[2]，同样也是教育变革从"工业时代"走向信息时代的重要内容。

而在关注发展学生"核心素养"的今天，教学管理者们需要充分了解"核心素养"的产生、发展过程，把握"核心素养"的具体内涵。比如世界经济合作与发展组织、欧盟对核心素养的界定中有"能在异质社会团体中互动"维度，联合国教科文组织发布的《教育——财富蕴藏其中》报告界定的四大学习支柱中有"学会共处"的要求，许多国家的核心素养的指标体系中均有

---

[1] [日]米山国藏.数学的精神、思想和方法[M].毛正中，吴素华，译.上海：华东师范大学出版社，2019：12.
[2] [美]查尔斯·M·赖格卢特，詹妮弗·R·卡诺普.重塑学校——吹响破冰的号角[M].方向，译.福州：福建教育出版社，2015：7-13.

"人际交往""人际技巧"等内容。①在当今这个时代，从学校及学校教育来说，将核心素养的发展蕴含在教育内容与教育过程之中，是义不容辞的责任和义务。学校课程的开发与实施，均需要考虑学习者素养的发展，学校教学管理者们需要有深刻的解读与理解，将其融入到办学思想与行动之中。

（二）学习前沿理论，努力涵养育人的基本素养

在我国，学校管理者对教育教学前沿理论的学习有着优良的传统。伟大的人民教育家陶行知先生就是一个榜样。他在对学校的价值与功能的认识上，在对杜威的"学校即社会"的继承与批判基础上，提出了"社会即学校"的观点，将孩子的学习视野放大到学校之外、社会之中。他在《我之学校观》中明确提出，"学校生活只是社会生活的一部分"，"学校生活是社会生活的起点……改造社会环境要从改造学校环境做起"②。这些先进的育人观点，就是陶先生在学习基础上的创新、创造。

在这个科学研究发展迅速、科技成果日新月异的时代，新的学习科学同样层出不穷。比如，经合组织于2002年出版了研究报告《理解脑：走向新的学习科学》，2010年又出版了续集《理解脑：新的学习科学的诞生》，对"当前认知神经科学与学习的交叉研究现状做了客观评价，描绘了今后十年的研究前景与决策意义"，对人的"大脑是如何学习的"这一问题，从神经科学的角度提供了更加全面的科学的支撑。③

而关于学习，法国教育学者安德烈·焦尔当在《学习的本质》一书中，更是对"学习"有了不同维度、不同层次的表达："只有学习者个人才能进行学习，别人不能取而代之。""学习，一种意义炼制活动。""学习，一个解构过程。"……④对"学习"如此丰富而多样的认识与解读，对于学校的教学管理者来说，可以更加深刻地把握学习的概念，从而设计、组织相应的教学

---

① 林崇德.21世纪学生发展核心素养研究[M].北京：北京师范大学出版社，2016：35-70.
② 陶行知.陶行知教育名篇[M].北京：教育科学出版社，2013：47-48.
③ 经济合作与发展组织.理解脑：新的学习科学的诞生[M].周加仙，等译.北京：教育科学出版社，2014：1-2.
④ [法]安德烈·焦尔当.学习的本质[M].杭零，译.上海：华东师范大学出版社，2015：79-88.

管理活动。

（三）改变思维方式，深入思考有效的育人途径

向管理要质量，提升学校教育教学管理的现代化水平，是现代学校管理的重要思想。教学管理是学校管理现代化的重要组成部分，其管理效能是否得到体现往往影响到一所学校管理的整体水平。义务教育阶段的学校管理同样如此。2019年6月，中共中央国务院出台的《关于深化教育教学改革全面提高义务教育质量的意见》中再次提出了要加强学校的教学管理，"学校要健全教学管理规程，统筹制定教学计划"；并对校长提出了相应的要求："应经常深入课堂听课、参与教研、指导教学，努力提高教育教学领导力"。强调校长的教育教学领导力，不是指简单的制定规章，颁布制度，而是需要在管理思维的现代化、管理目标的准确定位与管理过程的精准设计上得到体现。当然，这里的"校长"应该是指以校长为代表的学校管理团队（即学校管理者队伍）。

从现如今学校的管理状况来看，许多新生代的年轻教师踏上了学校的教学管理岗位，他们虽然有朝气，有魄力，有学力，有行动力，但缺乏较为系统的教学管理经验，在教学管理中时常表现出以散点思维、短期思维为主的管理行为，对教育教学工作的系统思考和行为创造力不足，跟随式、应付式管理，工作计划性不强，疲于奔命的现象仍然存在。再加上时代发展节奏颇快，促使教育教学改革同样加快了节奏，造成了相当一部分学校的教学管理效能不高。

因此，重新审视学校教学管理者的思维方式，助力学校管理者深刻理解学校教学管理的本质内涵，引领他们从散点思维走向系统思维，在管理实践中，努力形成全局思维、团队思维、整合思维和亮点思维，提升对教育教学工作的价值思辨力、组织领导力、活动设计力和专业引导力，最终提升学校教学管理质量的全面提升。

（四）重塑育人观念，努力形成系统的管理理念

作为担负着为促进现代社会发展培养人才责任的学校，当然还需要考虑

"为谁培养人""培养怎样的人"的社会意义和国家意志。古希腊哲学家和教育家柏拉图就曾经有"教育是国家的事业"的论断。爱因斯坦也曾在《论教育》一文中，就学校的意义作过这样的阐述："学校应该培养青少年的品质，挖掘他们的能力，实现他们为人民谋福利的价值……学校的目标应该是培养能够独立思考和独立行事的人，不过，他们要把服务社会当成自己的最高理想。"[1]

当然，不可否认，在这样的时代背景下，我们需要对学校的意义作进一步的探讨。对于学校及学校教育，从内容与学习方式到学习结果的表达，再到对学习质量的评价等，都需要进行重新思考与定位，需要从传统的关注知识学习的质量，转变到关注受教育者的社会性发展状态，以及学习情感、学习态度与价值观的形成状态上来。唯如此，学校及学校教育才能不会被取代，继而更好地发展。作为一名学校的教学管理者，重塑五种观念，即树立现代的学校观、正确的育人观、科学的质量观、发展的管理观、先进的教学观，是重塑育人观的重要内容。

---

[1] [美]爱因斯坦. 人类的未来会好吗[M]. 唐慧，冯道如，译. 南京：江苏凤凰文艺出版社，2015：161.

建议3：重视实践活动对涵养管理思想的意义

实践活动对于教育教学管理者思想涵养的重要意义是不言而喻的。古今中外的许多教育家教育思想的形成，离不开自身的教育教学管理实践。国外的如大家熟知的苏霍姆林斯基，其在帕夫雷什中学担任校长期间的教育教学管理实践，便是其教育思想的重要生发之源。苏霍姆林斯基首先被称为"教育实践家"，其次才被称作"教育理论家"。再如美国教育思想大家约翰·杜威，大学毕业之后也曾任教于宾夕法尼亚州中学和柏林顿乡村学校。① 而国内的教育大家中最为著名的便是被称为"人民教育家"的陶行知先生，其在南京创办的晓庄师范学校、在重庆创办的育才学校等，便是其教育实践的基地，这期间积累的教育教学实践经验，也便成为了其后来"生活教育"思想的核心内容。② 提出"一辈子做教师，一辈子学做教师"，2019年被评为"人民教育家"的于漪先生，更是一生都在教育教学实践的第一线，最终形成了"教文育人"的教育思想。由此，我们不难发现，不管是作为一名教师，还是做一名学校教学管理者，教育思想的涵养离不开教育教学的实践活动。

在现代义务教育阶段的学校中，教学管理者一般是因为教育教学能力相对比较强，教学业绩比较突出，才被提拔到管理者岗位上来的。也就是说，"教而优则仕"是如今提拔学校教学管理者的基本理念。因此，我们可以说，学校的教学管理者一般在成为管理者之前，是有相当丰富的教育教学实践经验的。而事实上，现代学校的管理，也确实需要有丰富的教育教学实践经验

---

① [美]约翰·杜威.民主主义与教育[M].王承绪，译.北京：人民教育出版社，2001：序.
② 陶行知.陶行知教育名篇[M].北京：教育科学出版社，2013：序一.

的教师来进行管理。

一、实践活动是教学管理者专业成长的基础

教育行政管理部门为什么在提拔学校教学管理者中，优先考虑教育教学能力比较强，且有着丰富的教育教学实践经验和相对出色的教学业绩的教师呢？我想这与实践活动具有的特征有直接的关系。

（一）实践活动是积累经验的重要过程

所谓实践，简单地说就是去做，有行为的发生。教育教学实践则是社会实践活动之一，具有"人类能动地改造自然和社会的"特质与价值。显然，实践活动的基本方式，必定是躬身行动。成为一名学校的教学管理者，对教育教学实践活动的切身体验，也是一种基本的经历。"领导科学不单单是理论问题，更重要的是实践。"[1]比如学校的课程建设、课堂教学改革以及教育质量综合评价改革等，无不需要实践去尝试，去探索，最终在实践基础上提炼出一定的规律，再指导实践。

（二）实践活动是磨练人的最基本方式

学校的教师群体是一个具有很强的实践特质的群体。在学校管理中，一定的行政方法是必需的，一些法规方法和经济方法也是需要的。但在更多的学校里，注重实干的人，更容易为一线教师所接受。另外，能够做到"少说多做，多干实事"的人，一般具有极强的工作责任心，踏实肯干，喜欢追求工作的圆满，喜欢以实践成效来观照工作业绩，考量工作的成效。他们总是认为："一个实际的行动胜过一打的纲领。"[2]

（三）实践活动是思想生发的重要源泉

实践活动还是思想生发的重要源泉。教育教学实践作为一种社会活动，

---

[1] 吴岩.教育管理学基础[M].北京：清华大学出版社，2005：48.
[2] 萧宗六.学校管理学（第三版）[M].北京：人民教育出版社，2001：177-178.

具有很强的主观能动性。这层意思可以解读为两个层面：一是教育教学活动本身的不确定性，是社会性活动的基本特质的必然；二是实践教育教学活动的主体，因为具有多样性特征，也会带来许多的不确定性。这两类不确定性，都会使教育教学实践过程中时不时产生问题。于是需要实践者在实践过程中分析相关问题，思考解决问题之道。而这一过程，也是促使教育教学实践者形成思想的重要过程。

二、实践活动又是管理者思想形成的必经之路

毛泽东在《实践论》中提出"真理的标准就是实践"。其实，实践同样也是检验思想是否有意义、有价值的重要过程和标准。思想的落地，必定需要通过实践才能得以实现。学校中优秀的教育教学实践者，一般不仅仅会表现在行动的实干上，更会在行动的过程中，善于发现问题，并能运用自己的智慧解决问题；善于总结行动中发现的规律，并能用于后续的行动之中。由此而形成的经验也好，发现的规律也好，便是其思想的雏形。继续加以历练，加以改造，便能形成相应的理念与思想。本节开头谈到了几位教育大咖，无不经历了这样的过程。

（一）教学管理活动本身就是一种实践活动

我们知道，学校是系统组织受教育者接受教育的组织机构，其基本任务便是落实好师生共同参与的教育教学实践活动。学校的教育教学管理是应使日常的教育教学实践活动能够更好地运作，更有效地促进学校基本任务的完成而产生的，需要学校的教育教学管理者通过一定的方式实施干预来实现目标。过程中，体现出了实践活动的三个基本特点：一是客观性，二是能动性，三是社会性。客观性表现在管理行为真实发生着，比如常规调研、校本研修等；能动性则表现在教学管理行为是一种有目标的，有计划的，有着管理主体与管理对象间的互动特质的；社会性则表现为教学管理不仅仅是个体行为，还是一种群体行动，而且是承担着一定的社会性意义的行动。因此，教学管理活动，也应该是一种实践活动。

（二）实践活动可以让教学管理者直面现实

学校教学管理者最需要面对的是教育教学的现实场景，其管理的最终目的也是为了保证学校的教育教学工作得以顺利推进，即能够使学生在学校的学习生活中健康地成长，使教师能在教育教学生活中体现出自己的价值。然而，因为现实的不确定性，学校的教学管理者在面对教育教学现实时，往往会产生各种各样的问题与困难。这些问题与困难，便需要教学管理者去思考解决之道。于是，思想也便有了产生的可能。

胡适先生对"思想"就是这样来定义的："困难就是思想的动机，是'思想的挑战书'。感觉困难，我们就去搜求解决困难之法，这就是思想。"① 当然，这样的定义，有点窄化了"思想"的内涵，却也不无道理。我们说，因为实践活动更多需要面对现实，也便更有可能面对不确定的事物，更需要我们思考应对之策，于是也便有了基于方法创造、理论建构与思想形成的可能。

（三）思想的形成需要有实践活动的检验

无论是基于问题解决思考基础上形成的有实践体验的思想，还是基于理性思考基础上形成的体现着某种逻辑体系的思想，都是在思考、实践的过程中不断完善的。也就是说，一个人的思想形成并不是一蹴而就的，是需要经过一定时期的反复思考、实践才能得以强化、深入与提炼而成的。

就拿陶行知"生活教育"的思想来说，其虽源于美国实用主义哲学家与教育家杜威的"经验哲学"，但却是经过了相当长时期的教育教学实践才逐渐形成陶行知的教育思想的。陶先生于1919年在南京高等师范学校任教期间，于"教学法"的研究中提出了"教学合一"的主张。② 到了1926年，其在创办明陵小学时，在《我之学校观》与《我们的信条》等文字中，已经有了如"学校是师生共同生活的处所""学校生活只是社会生活的一部分""我们深信生活是教育的中心"等"生活教育"的主张。1927年，在南京北郊晓

---

① 胡适.哲学小史[M].北京：新世界出版社，2016：155.
② 陶行知.陶行知教育名篇[M].北京：教育科学出版社，2013：1.

庄创办晓庄师范学校时，则是将"教学做合一"作为学校的校训，陶先生特别强调"在劳力上劳心"这一生活教育的核心观点。这一时期，他的教育思想已臻完善，体系也即构成。

如陶行知先生的"生活教育"思想一样，一些近现代涌现出来的教育大家们的教育思想也同样经历了这样的一个过程。比如陈鹤琴先生的"活教育"思想，李吉林先生的从情境教学到情境教育的发展，邱学华先生的尝试教学法基础上形成的尝试教育理论等，均是基于实践产生的理性认识，通过实践检验之后进行了系统思考，最终形成了具有个人特色的教育教学思想。

建议 4：学校教学管理者应树立全局思维

所谓全局，即整个局面，包含两个维度：一是纵向维度的全过程，二是横向维度的全方位。全局思维即是从全过程、全方位来考虑问题、分析问题的思维方式。具体表现为大处着眼、以远看近，善于抓住问题的主要矛盾来解决问题。从整体上思考问题的管理者，对事物发展的价值能作全面分析与思考，并能有更为深入的认识与把握。正所谓"不谋全局者，不足以谋一域"，讲得正是全局思维的重要性。

一、拥有全局思维的学校管理者的特征

学校是一种社会实体，是一种社会组织。"从社会学的角度来看，学校乃是一种有目的、有组织的社会群体。"[1]社会组织的特点便是通过一定的运作机制，使处于群体内的人、事、物朝着一定的目标，从事着共同的社会活动。这个过程中，所涉及的要素是多元的、丰富的。可以这么说，一个良好的社会组织群体，必然有一个全面考虑问题的管理者在组织中发挥着管理的作用。学校的教学管理当然也不例外。从学校教学管理来看，一名具有全局思维的教学管理者，一般具备强烈的目标意识、整体意识和规划意识，从而带领全校师生朝着一个清晰的方向前进，实现学校教育价值最大化。

---

[1] 鲁洁，吴康宁. 教育社会学 [M]. 北京：人民教育出版社，1990：357.

（一）目标意识

目标即事物发展的既定方向与预期结果。这是全局思维表现在纵向维度的内在要素。我们说"不忘初心"中的"初心"就有目标的意思，即最开始想达成的愿望。无目标意识的人，做事一般缺少方向，处理问题抓不住关键，有时甚至本末倒置，影响工作的进程。而具有明晰的目标意识的人，做事有条理，对事物的发展方向有清晰的把握，能够对事物发展的状态有预判，碰到困难或出现状况时能及时作出有针对性的调整。事实上，确立清晰的管理目标，引导全校师生围绕既定的教学管理目标开展工作，是一位合格的教学管理者的基本素养。

当然，目标有长远目标和近期目标之分。作为一名优秀的教学管理者，不仅能确立清晰的、具体的近期目标，更能对长远目标有较为明晰的把握，善于站在更高位上思考问题，把握教育教学工作的发展方向。

（二）整体意识

整体意识是从事物发展的横向维度来讲的，即全方位考虑问题的意识。一名优秀的学校教学管理者，在思考与分析学校的现状、事件及问题时，不是孤立地讨论问题，而是将问题置于学校总体的层面上进行分析，思考解决问题的对策。比如，如何提升师资队伍整体素质的问题，一名有整体意识、全局思维的教学管理者不会仅仅着眼于某位教师的培训或培养，而是会考虑师资队伍的整体结构，分析学科教师队伍的优势与劣势，寻找师资队伍建设的突破口，会更加合理地组织相应的活动，或派出不同梯队的骨干教师接受培训、培养，或制订课堂教学研讨计划组织教师开展"以研促教、以教促学、以学促长"的专业研究活动，努力引导每一位教师找到适合自身发展的生长点。

（三）规划意识

规划是就完成工作的过程而言的。所谓规划，即是指在对事物发展的整体性、长期性以及基本性问题的思考与安排的基础上，设计接下来所需要行动的方案或计划。一个规划意识强的人，在做事的过程中，不仅有清晰的目标和整体的面上的考虑，而且能够对实施推进的过程作出具有可行性的设计。对于学校教学管理者而言，规划意识更多体现在学校教学的年度计划中，某项活动的方案设计中，以及学校即时性任务完成时的实际行动中。规划意识强的教学管理者，能够从宏观上掌控教学管理的发展方向，对事物的价值作出准确的判断，并能及时调整实践性的措施，以及解决教育教学实践过程中产生的问题。因此，全局思维力强的教学管理者，其对学校整体发展的规划力也会比较强，统率全体师生朝着同一个方向前进的能力也会比较强。

二、学校教学管理者如何培养全局思维

既然全局思维对于一名学校的教学管理者有着这么重要的意义，那么在实际的学校管理中，又有怎样的方式促使学校教学管理者发展自己的全局思维呢？实践中一般有以下两条基本路径：

（一）目标导向——自上而下的思考

学校作为一种社会组织，是有计划、有组织地对受教育者进行系统的教育活动。计划也就是目标的具体化与时效化。学校办学目标的确立与发展规划的确定，并不是凭空瞎想与胡乱完成的，而是遵循教育发展的规律，依据教育政策的导向，以及学校自身的特色，通过学校管理层乃至全校师生的共同研究完成的。其内容中一般包含着对教育整体发展方向的准确理解与学校长远发展形态的全方位构想。因此，作为一名学校的教学管理者，基于目标的整体思考与全局把握，也是必然的要求。实践中，需要思考以下两个基本问题：

问题一：教育应该是怎样的？

这是关于教育本质的思考。一名优秀的学校教学管理者，对教育的认识应该是更高位的，也应该是更准确的。比如，对于"人"在教育中的作用的思考，就是一个关于教育本质问题的思考。"教育的中心是'人'。"这应该是一个已经被社会所认可的命题，也是教学管理者在设计管理活动、实施管理时所应该遵循的原则。

管理设计要"目中有人"。这是从教育的本质上来说的。立德树人是教育的根本任务。作为一名学校教学管理者，以立德树人为目标，全面了解学校师生的个性特征，树立为师生的成长提供积极帮助的意识，努力为全校师生搭建成长的舞台，是教学管理行动的基本出发点。

管理行动要"法中有人"。管理需要遵循一定的原则，需要"得法"，也就是说管理的行动需要适合于管理对象的方法。因为要"适合"，所以需要教学管理者不断去研究管理对象（包括学校的人、事与物），对对象的特点、特征以及特长有比较恰当的把握。

管理绩效要"绩中有人"。这更多是从评价观、质量观的角度来说的。"绩效考核"不应该只是一个"冷冰冰"的结果，而应该成为学校管理者了解全校师生、找到实践问题的重要媒介。学校的教学管理要善于看到"绩效"背后的"人"，既要能看到他们的能力水平，更要能读懂他们的心理，从而帮助他们准确地认识自己、发展自己。

问题二：我们想办成怎样的一所学校？

这是关于学校形态的认识问题，更具有显性特征。一名优秀的学校管理者心中，肯定有一所属于自己的理想学校。也正是因为有这样的一所学校，所以他在设计学校发展规划与实施管理行动时，才更有底气与方向。

比如，"以爱育爱"。这是北京市第二实验小学原校长李烈心中的理想学校。[①]

比如，"我们的教育应培养有个性，有特色，发展着的，充满生命活力的人"，让学校成为"教师发展的沃土，学生成长的乐园"。这是杭州市学军小学原校长杨一青心中的理想学校。[②]

比如，"孩子为了什么去学校？我的看法是：为了打开经验世界与发展抽象能力，以便与世界真正联结"。这是台湾学者黄武雄教授心目中的学校。[③]

以上对心目中学校的定位，为制定切实可行的办学目标提供了方向上的支撑，接下来制定行动方案时也会更加地明确行动路径与操作要点。应该

---

① 李烈. 给生命涂上爱的底色 [M]. 北京：高等教育出版社，2005：149.
② 杨一青. 搭建飞翔的舞台 [M]. 北京：高等教育出版社，2005：3.
③ 黄武雄. 学校在窗外 [M]. 北京：首都师范大学出版社，2009：40.

说，自上而下的全局性思考，可以让接下来的实践行动减少盲目性，更具方向性，也更利于团结全校师生，为共同的愿景而努力。

（二）实践取向——自下而上的对照

学校的教学管理者，其实更是一名基层的教育教学实践者。他们需要一定的理论思考，但更强调教育教学的实践。因此，实践取向是他们思考管理问题、实施管理行为的基本特质。

我们先来看张文峰校长在《我在雄安做校长》一文中谈到了一件事情："可钦校长跟我说过一句话：我们来这里做事情，不是为了证明我们优秀，而是要让大家觉得跟我们一样，可以一起做事情。这样，你就多了一批同行者，而不是旁观者，更不是对立者。"这句话，其实体现了中关村三小刘可钦校长的做事理念，当它成为张文峰校长的做事理念时，她的行动中也便有了相应的行动。于是，便有了"新时代教师成长研修站"的成立，也便有了"把校门打开，对外开放，带动本区域内的其他学校并肩而行"的研修站的行动指南。[1]

从以上例子可知，以实践取向为目标的自下而上的全局思维的形成过程，一般需要两个关键节点：

一要有面对问题的勇气。面对问题、困难，才能激发人去思考，教育教学也同样如此。学校的教学管理者，在组织管理中碰到问题或困难是常有的事，而且经常会是必须解决的问题。于是，思考解决问题的策略也成为了必然的工作。

二要有回归全局的思考，即从整体上思考问题解决的策略。回归整体去思考问题解决的策略，设计相应的组织实施过程，是学校教学管理者发展自身全局思维的重要过程。事实上，很多时候在回归整体，以全局观来分析问题、解决问题时，我们更能明晰师生群体的共同愿景，也更容易从源头上找到解决问题的关键点，从而更易于把握本质，解决实际问题。

我们说，自下而上地对照目标，反思自己的行动，会让具体行动更有方向性，更能为整体的发展作出贡献。

---

[1] 张文峰. 我在雄安做校长 [J]. 教师月刊，2020（6）：23-41.

建议5：学校教学管理者应培养团队思维

学校是一个团队组织，因此从团队整体上思考问题、分析问题与解决问题是学校管理者必须具备的思维方式。团队思维即是以团队为基点展开思考的思维方式。团队思维的核心是"人"，对于学校教学管理者来说，即需要在管理过程中，关注教师、学生等"对象"的主观能动性，激发教师的工作积极性与专业自觉，学生的学习能动性与成长自觉。团队思维力强的教学管理者，善于发掘团队的合力，发挥组织的积极意义，善于建设"学习共同体"，带动群体共同发展，实现团队与个人的双赢。

一、团队思维的基本特征及其价值

团队本就是一种组织的概念。团队思维作为一种组织建设中的重要思维方式，其基本特征是思维的主体从基于个体去思考问题转向基于群体去思考问题，通俗地说，即是由个体的"我"走向群体的"我们"进行思考、实践与体悟。具体可以从价值取向、角色定位与行为实践等三个维度展开说明。

（一）突出"我们"的价值取向

所谓团队，不是一个人，而是一个群体，是有着共同的奋斗目标的一群人。因此，目标的确立者也不是"我"，而是"我们"。团队思维的一个基本特征，也便是目标的共同性与共通性。所谓目标的共同性，即以团队整体的角度确定的组织发展的目标；所谓目标的共通性，则更多体现着团队整体目标确立的过程中，兼顾了个体发展的目标，两者间有一定的差异却又不矛盾，且有着很强的互补性。显然，突出了"我们"的价值取向的团队思维，考虑了团队中每一位成员的责任与利益，意在建立相应的"责任共同体"与"利益共同体"。

（二）强化"我们"的角色定位

这一点，其实是从"参与"的角度来分析团队思维的特征的。史蒂芬·柯维在《高效能人士的七个习惯》一书中谈到："个人独立不代表真正的成功，圆满人生还须追求公众领域的成功。"公众领域的成功，应该是一个"从独立到互赖"的过程，人际关系的本质是"群体的互赖关系"。[1] 因此，团队思维的核心是建立一种"良好的互赖关系"，即通过团队成员间的合作与积极互动，由"我"走向"我们"，并且努力强化"我们"的角色定位。

（三）体现"我们"的行为实践

团队思维是一种善于对团队中的群体与个体的利益作出恰当的平衡，在推动团队发展的过程中，带动个体良好发展的思维方式。因此，表现在行动中时，共同努力、妥善解决、利益兼顾以及人性化等是其经常会用的特征词。我们说，组织的发展依赖于一定的规章制度来保障群体利益的最大化，但兼顾个体利益，同样是团队发展的重要因素。"管理学校，若以为靠一套看上去很美的制度就可以高枕无忧，那绝对是痴人说梦……民主是好东西，但想得到它是需要智慧的。"[2] 这是教学管理实践者于多年的管理实践中生成的体悟。团队思维的核心仍然需要关注到"人"。

二、学校教学管理中如何发挥团队思维的作用

在阅读帕克·帕尔默的《教学勇气》时，曾经摘录了这句话："与志同

---

[1] [美]史蒂芬·柯维.高效能人士的七个习惯（25周年纪念版）[M].高新勇，等译.北京：中国青年出版社，2015：209-213.
[2] 陈荣艺.二〇〇八年：职称评聘风波[J].教师月刊，2020（6）：77-81.

道合的朋友一起追求真教育！"①其实，在感叹帕尔默提出的"共同体"建设的实践意义时，也在思辨一个问题：教育价值的实现，纯粹靠个人的单打独斗，显然是不可能完成的任务，需要有团队的共同努力。查尔斯·M·赖格卢特等著的《重塑学校》一书"核心理念6：组织结构变革"中，对学校的组织结构进行了"重新定义"——称之为"合伙团队"。②那么，作为一名学校教学管理者，又该如何在教育教学管理实践中培养自己的团队思维，使其在教学管理中产生积极的作用呢？具体展开可表述为三个层面：

（一）着眼群体，让学校发展目标成为每一位教师的发展动力

团队思维的基本出发点，即是从团队整体利益出发，立足于群体的共同愿景，明晰群体的专业特质与团队职能。学校的教学管理也不例外。教学管理中，管理者一般面对的是一群教师，是一个教师团队，或教研组，或年级组，甚或是学校的全体教师。而教学工作的成效更多体现在群体的共同作用上。比如一位学生的学业成绩指的是各门学科的综合成绩与他的道德品质、身体素质以及美育素养等综合发展水平，对于这些方面产生作用的一般不会是一位教师的付出，而是多名教师的教育教学全过程在起作用，所以这是一个群体的共同活动。因此，教学管理者不能轻视群体而只顾着个体的管理。教学管理者只有发挥出教师群体的共同作用，才能从更加全面的角度高质量完成教育教学任务，培养更多优秀的全面发展的学生。

从诸多的教学管理实践来看，现阶段学校教学管理者在着眼群体上的管理方式，一般结合的是美国管理学家德鲁克的目标管理理念。因为目标管理一可以为管理过程提供"有效的、直接的激励"，二可以增进"组织上下的相互沟通"。③在具体的学校教学管理中，目标管理又可以从两个维度进行解构，有利于将学校的发展愿景转化为教师们认同的相对具体的发展目标：一

---

① [美]帕克·帕尔默.教学勇气：漫步教师心灵[M].吴国珍，等译.上海：华东师范大学出版社，2014：84.
② [美]查尔斯·M·赖格卢特，詹妮弗·R·卡诺普.重塑学校——吹响破冰的号角[M].方向，译.福州：福建教育出版社，2015：43.
③ 吴岩.教育管理学基础[M].北京：清华大学出版社，2005：142-144.

是纵向维度，可以将长期目标分解为中期或短期目标，便于全校师生认识与把握；二是横向维度，可以将目标进行层级式、扁平化的处理，即将学校发展的整体目标转化为各级教师团队，甚至是教师个体的发展目标。当然，目标管理在群体建设中，还可以借鉴美国教育学者帕克·帕尔默提出的"共同体"理念，建设教与学的"共同体"，形成良好的教师群体，提升教师们的团队凝聚力，同样不失为一种有效的方法。①

（二）关注个体，在实践学校发展的过程中促进教师成长

着眼群体，并不是说所有的利益都需要从团队整体出发来思考。其实团队思维的最大价值是能够利用团队的力量充分激活群体中每一个个体的最大潜能，使其发挥尽可能大的能量，为团队的发展作出贡献。因此，团队思维中的"个体关注"，同样是一种很重要的因素。

在学校教学管理实践中，一般而言，从团队思维的角度来观察学校中某位教师个体，基本把握三个维度：一是某位教师的特长，即擅长什么；二是某位教师的弱点，包括心理的、生理的；三是某位教师的潜能增长点，即发展空间在哪里。学校教学管理者，对一位教师如果有了以上三个维度的把握，那么在设计方案与任务安排时，就能做到心中有数，一是可以有针对性地"用人"，二是可以适时适度地提供帮助。比如，有教师善于思考与提炼，那可把这样的教师安排在教育教学研究的岗位上，并建议其做一些教育科研课题，以研究教学实践问题并及时加以总结提炼，以作推广。而有的教师做事比较粗糙，处理事情时常简单粗暴，比如对学生的作业指导缺乏耐心，便需要及时地指出，并适度地加以规范。唯有充分关注了个体，才能更好地建设团队。

（三）规则助力，以和谐有序的方式成就师生的共同成长

以团队思维实践教学管理工作，离不开相应的规章制度作保障。建章立

---

① [美]帕克·帕尔默.教学勇气：漫步教师心灵[M].吴国珍，等译.上海：华东师范大学出版社，2014：83-92.

制的思维基础便是团队思维、整体思维。当然，制度与规则的意义在于对事不对人，目的在于更好地发挥群体的作用。就如同交通规则，制定交通规则的本意是保障交通的有序、顺畅。一个十字路口有车来车往，又有行人穿行，有了"红绿灯"的指示，过这个路口的所有行人和汽车按照"红灯停、绿灯行"的规则通过，一般不太会出现交通堵塞的现象，更不太会出现大规模的交通事故。反之，如果不设红绿灯，行人和驾驶员也不知道此路口的通行规则的话，此处的交通状况可想而知，车一多便会堵，人车混行也更容易出现交通事故。

  当然，也正如前文所谈到的学校管理制度是"刚性的"，然而"人性是复杂的，人心是多变的，管理学校若一味想靠制度、规定来达到民主、公平的目的，反而容易在现实中处处碰壁"[①]。教学管理中，良好的规章制度，是教师团队力量充分发挥的基本保证。如若再配之柔性化的应用与管理，便更能体现人性化的特点，有利于发挥每位教师的工作积极性，也更能发挥群体的力量，促进教学工作高效益高品质发展。

[①] 陈荣艺.二〇〇八年：职称评聘风波[J].教师月刊，2020（6）：77-81.

建议6：学校教学管理者应具备整合思维

在写作这一章节的文字时，正好在微信朋友圈里读到了省级教育行政部门关于"减轻中小学教师负担"的相关文件通知，上至中共中央办公厅、国务院办公厅印发的《关于减轻中小学教师负担 进一步营造教育教学良好环境的若干意见》，下至中共浙江省委办公厅、浙江省人民政府办公厅印发《关于进一步减轻中小学教师负担 营造教育教学良好环境的实施意见》的通知，并列出了"浙江省中小学教师减负清单"。这些文件通知下发的基本出发点在于进一步营造全社会尊师重教的浓厚氛围，为教师安心、静心、舒心从教创造更加良好的环境，旨在减轻中小学教师的工作负担。

教学管理是一项繁杂而又多样的工作。有时候自上而下的工作布置头绪繁多，如果每项工作都是拉开架势全面应对，可能会让教学管理者应接不暇，穷于应付，反而完成的工作质量不高。实践中，管理效能低下的现象确实也与这些因素有关。

一、整合思维对于教学管理者的意义

关于整合思维，加拿大教育学者罗杰·马丁在《整合思维》一书中表达了这样的意思：整合思维是指头脑中同时持有两种完全相反的观念，并从中得出汇集两方优势的解决方案的能力。他强调了主体在思维的过程中，对相关事物的"权衡与综合"。后来，经罗杰·马丁等人对50位商界精英的访谈研究之后发现："那些通过利用对立观念提出新方案的思考者比一次只考虑

一种方案的思考者拥有内在优势。"①可见整合思维在商务领域有着重要的意义与价值。

学校教育教学管理中,整合思维则更多是指管理者将为完成相同管理目标的各类事物,通过权衡与综合之后,加以整合的思维过程与能力。实践表明,整合思维对于学校教学管理者来说同样有着重要的实践意义。

(一)有助于教学管理者从繁杂的事务中梳理并厘清事务间相互关系

整合思维的第一层意思表达的便是将多种事物(或多项事务),通过一定的方式进行"权衡与综合"后,整合成一种事物(或一项事务),在此基础上设计出新的工作方案的思维过程。由此,我们不难推断,完成这种思考过程的前提,应该是对各种事物间的关系有了相对清晰的把握。也就是说,厘清事物或事务间的关系,是一个必须经历的过程。比如,学科教学、校本研修与课题研究,教学管理者若将其看成是三项截然分开的工作的话,那么无疑给管理者与实践者增加了负担;而如果将学科教学看成是研究课题产生的基础,将校本研修作为课题研究的重要组织形式,将课题研究的过程看成是学科教学实践问题深度解决的方式的话,那么这三项工作也就成为了一项工作,也就能更好地帮助教师在解决教学实践问题的同时促进专业发展了。

(二)有助于教学管理者打破"非此即彼"的二元对立的程式化思维

整合思维的更深层价值,在于帮助教学管理者将看似对立的事务,通过深度解读与综合分析之后,进行重组与设计。比如,曾经被认为是提高教师专业发展的重要手段之一,而被纳入到教师晋升职称必备条件的"教学论文写作",现阶段又被认为是对一线教师来说要求过高,从而在职称晋升中变成了选择性条件,在考量时可以用其他业绩(比如课堂教学获奖、班主任年限等)替代。这种要么"捧杀",要么"棒杀"的现象,便是缺乏整合思维的一种表现。优秀的教学管理者,便能引导教师基于教学实践问题去思考解决策略,并在此基础上总结提炼实践经验——写作教育教学论文。"教师

---

① [加]罗杰·马丁.整合思维[M].王培,译.杭州:浙江人民出版社,2019:8-12.

教育生活的专业表达"的过程，一则可以帮助教师自身更好地想清楚相关问题，提升"专业技能"[①]；二来也能够让成功的经验物化后在更广的平台上得到推广，让更多的教师学习借鉴。

二、运用整合思维设计日常教学管理活动的表现

学校教学管理中，涉及的工作虽然繁杂多样，但许多工作的目的是相通的。学校工作就其本质而言，就是为了提高教育教学的质量，再具体一点就是为了培养学生、发展教师。作为一名学校教学管理者，在落实各项工作的同时，也要明晰这些工作的"最高目的"。在此基础上，便可以借助整合思维，通过项目整合、活动联合以及大小结合等方式，加强工作活动的整体设计，将诸多条线的工作整合起来，合理统整。

（一）项目整合

项目整合是整合思维中最为基本的思考问题、解决问题的方式。在教学管理中，项目整合一般表现为两种思路：一是纵向层级项目的整合，即指学校自有的实践项目与上级相关部门布置的实践项目之间的整合。如有些学校从学校特色建设上已经有了较多的实践项目，需要在平时的教学实践中设计相关活动进行落实；在区域层面甚至市域、省域层面也有相关的实践项目，需要落到学校层面进行实施。这时，整合思维强的教学管理者会通过这些不同层级项目间的切合点，将原来几个项目的实践任务整合起来，通过一个整合项目进行创新实践，在完成不同层级项目实践任务的同时，实现不同层级项目的预期目标。还有一种是横向学校内部项目的整合。比如有些学校为了推动教师团队的群体工作意识，发挥团队的作用，提出了"品牌教研组"建设的实践要求。此时，学校教学管理者便可以倡导学科教研组"以课题研究为抓手的特色主题研究活动"来创建教研组的品牌。这样一来，教研组团队便将课题研究的项目（或课题）与团队教育教学特色建设整合起来，将原来

[①] 颜莹.教育写作：教师教育生活的专业表达[M].南京：江苏凤凰教育出版社，2020：9-15.

的两件事做成了一件事，既能扎实课题研究的过程，又能聚焦问题更好地形成教研组的教学特色或教研特色，创建属于教研组的特色品牌。①

（二）活动联合

整合思维的最大特点是善于从矛盾的事物中发现同一性，从而将原本看似矛盾的事物揉和在一起，并且能够顺利推进。善于将活动联合起来，事实上也是整合思维的一种表现形式。对于教学管理者来说，活动联合的形式可以是多样的，有的是活动主题的联合，有的是活动进程的联合，还有的是活动组织部门的联合等。

先看活动主题的联合，可以将研讨作业设计的活动与具体的课堂教学研讨活动结合起来，比如可以设计类似于"研题导学"的教学研究讨论活动。"研题"更多着眼于习题设计与作业的质量，"导学"则涉及课堂教学设计的内容。两个主题的活动通过"研题"与"导学"的连接联合进行，体现主题的相关性与整体性，提升活动的整体效益。

再看活动进程的联合，即可以将一个主题活动设计成一个系列式活动，可以拉长活动的实践与研讨过程，实现深度研究与探索，形成高质量的研究成果或更具价值意义的研究结论。至于活动组织部门的联合，在学校教学管理中则侧重于教务处与教科室的联合，以发挥研究部门的力量来解决日常教学中产生的现实问题，同样是一种常用的联合活动的方式。

（三）大小结合

从学校教学管理的角度来看，所谓的大活动一般是指参与面比较广（有时是学校全体教师），或者由上级部门组织、学校承办、参与人数在百人以上的主题式观摩与研讨活动；所谓的小活动则是指由学校教务处、教研组或年级组组织的，参与人数在 10 人以下的，涉及范围相对较小的小规模主题研讨活动。实践表明，对于一所学校来说，大规模的活动在扩大学校教学特色影响力、提升学校办学声誉上有一定的作用，但因组织时牵涉到的部门

---

① 费岭峰，张晓萍.构建"协作、负责、多元"的教研组品牌[J].教学与管理，2005（32）：26-27.

（一般需要多部门联动）与人员比较多，在学校不宜多搞。作为学校教学管理者更需要倡导和组织主题更聚焦、参与人员相对集中的小规模活动。小规模的活动与大规模活动相比，虽然辐射面会小一些，影响力会少一些，但在解决实践问题中因为牵涉到的人员相对较少，能够更加灵活地处理问题与解决问题，从而取得良好的活动效果。

　　事实上，整合思维强的教学管理者，善于将大小活动结合起来组织，发挥不同规模活动的优势，实现活动目标的最大化。比如围绕某个主题的教学研讨活动，可以在学期的前半段进行教研组团队或教师个体的小规模的研究探索，等到教研组团队或教师个体在实践中取得了一些研究成效，或者聚焦成了一个相对深入的研究问题时，再组织一次较大规模的研讨活动。一是将研究阶段性成果加以推广，扩大辐射面；二是通过大规模活动借助外力（包括专家、名师）分析问题、解决问题，使其在更广的层面上探讨问题、明晰问题，继而解决问题。

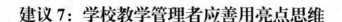
建议7：学校教学管理者应善用亮点思维

从词义上来理解"亮点"，是"比喻有光彩而引人注目的人或事物"。对于管理者而言，亮点思维更多是指善于发现或捕捉管理对象在工作中表现出来的有创意的、有特色的、能够引起伙伴注意的做事方式或成果，并能用于管理工作，使其产生管理效应的思维方式或思维过程。对于一位学校教学管理者来说，亮点思维的核心要义是"以发展的眼光"审视教师们的日常工作，切实理解每一位教师都是在"工作中发展，发展中工作"的特点，寻找教师工作中的亮点，在激发教师自我效能感的同时，激励教师个体专业素养的进一步提升。

一、亮点思维生发于"被认可"心理

喜欢被表扬，被肯定，是人之常情，也是一般人的心理特点。心理学上有一个经典的"动机理论"，即马斯洛的需要层次理论。"被认可"心理，从个体心理的动机来分析，应该属于第三层次以上的"需要"，即"归属与爱的需要"与"自尊的需要"，甚至有了实现"自我实现的需要"的动机期待。[①]同时，在心理学上强调社会影响时，有一个概念叫"社会助长"，即指"个体与别人在一起活动或有别人在场时，个体的行为效率提高的现象"。[②]这同样表明，在社会交往中，亮点的被发现、被认可，不仅是对阶段结果的

---

① [美]亚伯拉罕·马斯洛.动机与人格[M].许金声，等译.北京：中国人民大学出版社，2012：19-30.

② 张厚粲.心理学[M].天津：南开大学出版社，2002：237.

肯定判断，同时还能进一步激发个体在群体活动中的积极情感。

俗话说：成功是成功之母，表达的正是这样一个意思。"我感觉自己这份不竭的激情源自于不断地被承认：被学生承认，被领导承认，被同行承认，还有来自我爱人的承认。"①李烈校长也曾在工作之初，感受到了"被认可"带来的无尽的动力。

二、亮点思维之于教学管理的意义

亮点思维强调的是发现、理解与认同，甚至接受的思维过程。因此，它是一种多元思维，一种开放的、接纳的思维。当其体现在教学管理实践中，一般表现为"赏识"，表现为"用欣赏的眼光看教师"。"作为学校的领导层对教师的赏识更是对教师极大的尊重，是对教师能力的肯定。有了这赏识的力量，教师自然会'不用扬鞭自奋蹄'。"②这是曾经多年在杭州市学军小学担任校长一职，有着丰富的管理经验的杨一青校长的切身感受。

当然，在教学管理中，应用亮点思维去关注教师的日常教学工作，发现教师有创意的工作成果，因其具有开放、接纳的特点，更大的意义还在于促使教师个体的创造性智慧的价值最大化。

我们知道，教学工作并不是一种简单机械的工作，而是一种创造性极强的工作。因此，教学管理不应该只是一个单向的、简单的"输入与输出"的过程，而是一种需要管理者与教师之间时常进行"双向互动"的过程。有时候，由管理层制定或设计的工作方案只是一个工作推进的基本流程，在工作的开展过程中，需要实施者（也就是教师）结合自身的实践经验与工作艺术，在具体落实时创造性地完成。这一过程中，所生成的有创意的工作方法或者解决问题的有效策略，有些是管理者在前期的预设中所没有想到的，有些则是对于管理者原先所提供的方式方法作了进一步的完善与优化。于是，这些生成的、完善的方法与策略，便是我们所说的亮点。教学管理者如若加

---

① 李烈. 给生命涂上爱的底色 [M]. 北京：高等教育出版社，2005：148.
② 杨一青. 搭建飞翔的舞台 [M]. 北京：高等教育出版社，2005：116.

以认可、利用，甚至推广，对于提升某项工作的完成质量也便提供了更多的可能性。因此，亮点思维应该成为学校教学管理者时常运用的思考与解决问题的思维方式。

三、亮点思维在教学管理实践中的具体表现

在教学管理实践中，教学管理者一般是通过发现亮点、放大亮点和推广亮点等三个层面的行为表现来实现亮点思维的效能的。下面就这三个方面作具体的展开说明。

（一）发现亮点

在具体的教学管理过程中，客观存在着经常关注教师"不足"的教学管理者。这样的教学管理者喜欢放大教师工作中存在的问题，喜欢用批评的方式教导教师改进工作。这样的管理方式在某个阶段，或在某些学校中能产生一定的管理效果，但长此以往，会损伤大部分教师的工作积极性，易造成教师们的心理焦虑，产生负能量。事实上，一位具有丰富管理经验的教学管理者，更善于发现教师在工作中的亮点，更愿意看到教师的优势，发现教师工作中的闪光点。

发现亮点，首先表明了教学管理者是在关注着教师们的工作过程，这也是"发现亮点"的基础；其次表明了教学管理者关注教师们实践过程中做得"比较好"的部分。前文谈到，亮点思维的心理基础是"正向引导"，遵循的是正向激励原则。作为一位学校教学管理者，善于捕捉教师个体或群体中产生的"正能量"行为，既是管理能力比较强的体现，同时也是其心理比较阳光、富有"正能量"的体现。这样的教学管理者，一般具有愿意相信同伴、相信教师的心理活动经验，是一位善于采用柔性管理或者人性化管理的管理者。同时，具有"亮点思维"的学校教学管理者，更能辩证地思考问题、分析问题，能够看到事物的两面。

比如一位教学管理者在一次教学调研中，发现有位语文教师将备课的文字直接写在了教科书上。这给了这位调研者以很大的启发，由此深入思考了

教师备课的功能，并将"备课写在教科书上"作为一种亮点加以总结，还在全区范围内作宣传推广。①这样一个过程，一则肯定了这位教师的做法；二来作为一个研讨点，让更多的教学管理者与一线教师深入思考"备课"的功能，从而改变"重形式、轻实用"的备课现象。还有如一位教学管理者在调研学校教师的作业设计与批改工作中，发现有教师用"小纸条式"的作业布置方式，很好地解决了学生作业拖拉与质量不高的状况。②这就可以作为一个很好的亮点，加以肯定。

（二）放大亮点

亮点仅仅停留于发现，其意义与价值也就无法得到充分体现。亮点的意义在于激励，在于引导，在于起到正能量的导引作用。让"发现"不失去意义，因此，亮点思维的第二步"放大"也就显得极为重要了。

所谓放大亮点，就是将闪光点作为聚焦，并展示出来，以引起更大、更多的关注。"更大"是着眼于亮点本身的正能量能发挥的作用而言的，"更多"是着眼于亮点的知晓面而言的。放大亮点应该是亮点思维中的一个重要内容，也是激励和引导教师的基本思维方式之一。就拿上面提到的一位教学管理者在作业布置工作调研中发现的"老师用'小纸条式'作业布置，解决学生作业质量不高"的亮点来说，如果仅仅只是发现，不给予放大，可能知晓的也就是这位教师自己，受益的也只是他一个人而已。但若能给他以机会，在全学科教师或者全校教师面前让这位教师介绍他的想法与做法，则会让更多的教师知晓，过程中可能会有教师加以借鉴应用，从而使更多的教师受益。

当然，对于教学管理者来说，"亮点"不一定局限于学科教学或业务范围，也可以是打破专业领域，延展到教学业务之外去。如一位教师上课时侃侃而谈，平时却不太喜欢交流，教学管理者偶尔发现该教师在国画方面有

---

① 费岭峰.备课管理：从"形式"到"实效"的策略思考[J].中小学教师培训，2012（9）：46-47.

② 龚珍燕.从"规范"到"创新"，以"亮点思维"提升作业管理效能[J].教学月刊（小学综合版），2021（4）：14-16.

一定的造诣，便可以将这位教师的国画能力加以放大，给予肯定与激励。这对于该教师的心理触动无疑是不小的。也许管理者对这位教师国画能力的肯定，能带动他教学业务上的投入与能力的改变。

（三）推广亮点

如果说放大亮点中的"亮点"具有个体特色的话，那么推广亮点中的"亮点"，更应该具有普遍意义，因为有普适性，所以才有推广的意义与可能性。比如有位教师平时课堂教学平淡无华，特点不突出，但在作业评改上却很有一套。正是因为他的作业评改方式有特点，效果好，所以他所任教学科的教学质量也相当好。这样的亮点，因其具有教学常规管理方式改进的意义，便很值得放大、宣传，甚至推广。

在教学管理实践中，推广亮点的方式也有许多，形式上也可以是灵活的。我们可以结合不同亮点的意义与价值组织相应的推广活动。比如，一些学科教学业务中的亮点，便可在学科教研活动中作展示；一些管理类的亮点经验，便可在行政事务性会议（如全体教师大会）上作专门的介绍；一些解决区域性问题的策略方法类亮点经验，便可以争取上级业务部门的支持，组织专门的区域性推广活动加以放大、宣传与推广。

总的来说，一个人的亮点能够得到推广，其实是一种被肯定、被认同。这已经在心理学上被证明。因此，对于学校教学管理者来说，对一线教师工作中产生的亮点，要善于分析，把握亮点的特质，能够借亮点推广的机会，来调动教师的工作积极性，触发教师专业发展的自觉；将亮点作为促进教师专业发展的助推剂，由点及面加以引导，使其在团队中产生更强的"正面影响力"。事实上，借助亮点的发现、放大、推广过程，也是学校教学管理者专业领导力得以充分体现的一个重要方面。

第二章

常规管理策略

以发展的眼光来看教学常规,在内容上求变求新,方式上创新引领,这既是时代发展的要求,更是学校教学管理理念转变的必然要求。

——"教学管理的行与思"

建议 8：用发展的眼光看教学常规

作为一名教师，"教学常规"应该是一个耳熟能详的词语。对于一名学校教学管理者来说，只要在学校里上班，几乎每天都在接触与教学常规有关的工作。那么，到底什么是教学常规？教学工作中为什么会有常规？为什么要有教学常规？在当今课程改革如火如荼的时期，教学常规是否有了不一样的内涵？我们怎样以发展的眼光来看教学常规？……这些问题，却并不是每名教学管理者都能回答的。本节内容先就这些问题作一些说明。

一、什么是教学常规？

所谓常规，即为执行某件事情所应遵循的基本规范、准则。教学常规即为在教学过程中需要遵循的基本规范与准则。教学常规应该是在长期的教学工作中产生的、教学管理者与一线教师认为最能保障教学工作顺利进行的基本规范、准则中，应该被坚持，最终被沿袭下来的那一部分。"一般而言，常规都是最低标准，是每个教师都必须达到的基本要求。"[1]

我们来看一所学校对"上课"这一工作所制定的四条常规要求[2]：

（1）课前准备好需用的教具。

（2）准时进教室，上课时不擅离课堂，不坐着上课、不将通讯工具带入课堂，不做与本课无关的事。

---

[1] 郑杰. 忠告中层：给学校中层管理者的47封信 [M]. 上海：华东师范大学出版社，2013：93.

[2] 钱爱芙. 幸福学校的愿景与行动 [M]. 南京：江苏人民出版社，2017：238.

（3）按时完成教学任务，不拖堂。

（4）课上不嘲讽、训斥学生，不责令学生退出课堂，严禁体罚和变相体罚学生。

显然，这四条"上课"时的常规要求，是作为一名教师所要遵守的底线要求，是每一名教师在完成"上课"这项工作时必须遵守的。

二、为什么要有教学常规？

完成教学工作的主体是每一名教师，教学工作的落地更多体现为一种个体行为。然而，"教学过程是根据一定的社会要求与教学目的和学生身心发展的特点，由教师的教和学生的学所组成的双边活动过程"[①]。显然，学校教学与实际的教学过程，既需要完成相同的学习内容，又承载着共同的"社会的要求"与"教学的目的"，因此，教学工作的顺利完成便需要一些基本的操作规范来支撑，从而使其更有效、更顺利地达成社会的要求，实现相应的教学目的。具体可以表述为两个层次的意思：

第一层意思：教学常规是因教学实施者完成国家所交给的任务而产生的。因为教师的教学工作需要通过一种特殊的形式（即课堂教学或学校其他活动），来完成指定的教学内容（即相应的课程），实现相应的教学目标（即年级段的学习目标），需要一些基本的操作规范，才能保证在大致相同的时间内做好这项工作。

第二层意思：教学常规是应完成教学工作的个体过于复杂而产生的。显然，这第二层意思与第一层意思有着密切的关系。因为教学工作是一种跨度很长的工作，参与这项工作的教师有着相当大的年龄差异，新老交替成为了一种常态。于是，便需要一些教学常规（也就是在教学过程中形成的基本要求）来保证进入教学岗位的新手教师能够参照基本要求实施教学，从而使其尽快地适应教学工作，胜任教学工作。

[①] 孙绵涛. 教育管理原理[M]. 广州：广东高等教育出版社，1999：244.

比如上文谈到的一所学校制定的"上课"的常规，新手教师知道了这些常规后，便能够清楚地了解在课堂上哪些事情能做，哪些事情不能做，从而保证课堂教学中师生关系保持在合理的范围之内。

再如在"备课"上的常规要求，有人提出了"四备""三写"的基本规范，即"备教材""备学生""备方法""备作业"，"写出学期进度计划""写出单元计划""写出课时计划"等。[①] 当然，有些学校在"备课"上的要求，还会更加细化，常规要求更具有可操作性。比如："一份完整的教案，一般应包括：教学内容（或课题）、教学目的要求、教学重难点、教具学具准备、课时分配、授课时间、教学过程、板书设计、作业设计、教学后记等内容。"[②]

这样的规范要求当然便于教师们参照，按要求操作，但这样的做法也存在一定的弊端。比如，教案一定需要完整吗？教学后记一定要写吗？教学设计中最关键的内容是什么？教学过程中生成材料的应用要不要有个预案？教案到底是写在备课笔记上好，还是写在教材上好？……一系列的问题需要教学管理者思考。因此，便有了以下问题的思辨。

三、如何用发展的眼光来看学校的教学常规？

教学常规是为了统一教学工作的一些要求、提高教学效率而提出来的。其根本的立足点，是"为了学校教学顺利进行，学校的教学管理者、教师、职工服务于教学需要做到的或愿意做到的规范与要求"，与日常的教学工作密切相关。

传统理解中的教学常规，更多着眼于教与学的全过程，即关注日常教学中的备课、上课、作业、辅导与评价等，被习惯上称作"日常教学五常规"。其形成过程也已经在学术界达成了共识，传统教学中关注日常教学"五常规"，更多是受了赫尔巴特在《普通教育学》中提出的"形式教学阶段理论"

---

① 孙绵涛. 教育管理原理 [M]. 广州：广东高等教育出版社，1999：245.
② 钱爱芙. 幸福学校的愿景与行动 [M]. 南京：江苏人民出版社，2017：238.

影响后形成的，基于围绕课堂教学"备课、上课、复习、巩固"的基本结构去思考，同时接受了20世纪30年代俄国教育家凯洛夫提出的备课、上课、作业布置与批改、课后学生的辅导、学业成绩评定等"教学五步骤"之后所形成的教学常规要求。①

新课程改革发展到今天已然20多年。以发展的眼光来看教学常规，在内容上求变求新，方式上创新引导，势在必然。因为这既是时代发展的要求，也是学校教学变革的要求，更是日常教学方式转变带来的必然要求。

时代发展到今天，"五育并举，全面育人"已经成为了课程改革新的生长点，"立德树人"是课程改革的根本任务。教学过程中，强调在学习学科知识的同时，如何发展学生的学习素养、品德修养，成为了一般学科面临的新问题。于是学科德育的落地，需要探索形成相应的教学常规，促使学科德育的目标得以真正实现。再如，在上海教育传媒智库编著的《迈向新学习时代：2014上海基础教育信息化趋势蓝皮书》中，编者选取了许多学校在"教育信息化"的带动下，于课程建设、学习方式以及平台利用等方面进行了诸多的突破性实践，也取得了相应的成效。这一过程中，许多学校的教学常规中增加了现代教育技术应用规范的要求。② 由此，我们不难发现，新时代的教学常规需要在某些内容上加以充实，有些要求上需要作出调整。

以发展的眼光来看教学常规，同样也是学校教学变革的基本要求。新课程改革到来之际，许多学校迅速加入了课程改革的行列。相对而言，新课程实践在确立一些基本要求之外，"注重开放性，突出自主性"是其一大特色，因此，学校在实施新课程改革实验时，也会倡导个性化探索，形成具有区域特色或者校本特色的教学模式。如此一来，势必需要在教学常规方面有所调整。比如，有学校推行"先学后教"的课堂教学结构，此时的教学常规可能需要关注一些前置性学习方面的规范要求（如需要设计预学稿，把握预学稿的基本要素等）；再比如有些学校强调学生课后的延伸学习，则需要确立

---

① 张威.再论教学常规[J].现代中小学教育，2014（7）：57-60.
② 上海教育传媒智库.迈向新学习时代：2014上海基础教育信息化趋势蓝皮书[M].上海：中西书局，2014：50-83.

一些课后延伸学习的设计与评改的基本规范要求。事实上，在新课程实践之际，一些名校的进一步发展，"正是通过新常规的建立，来带动教师转变教学行为、更新教学观念的"，以某些特殊过程的规范化来最终实现学校的整体发展。①

最后，我们来到微观层面上，以发展的眼光来看教学常规，也会随着教师教学理念的发展与教学水平的发展而发展变化的。我们知道，大而言之，教学常规应该由学校的教学管理者根据学校的要求，结合学校教师的特点，提出统一的要求，制定统一的规范。但在实践过程中，有学校教学管理者也会因教师参加工作时间的长短，教学经验的多少，作出一定的差异化要求。比如许多学校的教学管理者，在"备课"这项工作的要求上，对于有经验教师的书面备课要求，与新手教师相比，一般在板块上可以更为机动些，文字书写的量上也可以简略些，有些学校甚至还会提出"有经验教师可以用电子稿，而新手教师必须用手写稿"这样的差异化要求，虽然我们说这种差异化要求在提高备课质量上没有显著的差异，但至少在这些教学管理者的心目中，有经验教师与新手教师在教学常规上是需要有差别对待的。

事实上，站在教师个体的角度以发展的眼光来看教学常规，我们更认同，不同教学理念的教师，采用不同教学方式的教师，其教学常规的落实可以有差异。比如，有教师会经常采用现代教育技术组织教学，那么他在教学常规的要求上是否可以有"现代教育技术组织教学"的基本规范与要求？而另一名教师可能采用"翻转课堂"的模式来组织教学，那么对他的教学常规要求是否可增加"前置性学习任务设计"的基本规范与要求？如此一来，虽然给学校教学管理者在管理上带来复杂性，但更加突出了教学常规促进教师自主探索创新教学方式的功能，以保持教师积极探索、深入研究的工作状态。

---

① 丁静.新课程背景下对教学常规的反思 [J].全球教育展望，2005（7）：45–48.

建议 9：教学常规管理应由"督"走向"导"

教学工作是一所学校的基础性工作。教学管理则是保证正常教学秩序，提高教学质量和办学水平，促进教师专业发展的重要过程。"管"的本意指拘束，"理"的本意指顺，"管理"，意指使之规范，促其发展。教学管理即是规范教师的教学工作行为，使教学工作能够有序进行和健康发展。从管理的意义来看，规范是发展的前提，发展是规范的目的。教学常规管理当然也应该这样。

一、教学常规需要管理

教学常规需要管理吗？教学常规本来不就是一些基本的规范要求吗？从前文我们也已经知道，有些学校的教学常规已经写进了学校章程，有些学校在新教师入校后也会进行相关的培训。这些过程都会让教师对教学常规有所了解，教师作为执行者只要"照着做"就行了。如果说要做"管理"，也就是看看教师是否"做到"就行了。

然而，事情并不那么简单。教学常规当然需要相应的管理。理由有三：

一是教学常规虽然是前人经验总结基础上得出的具有一定普遍意义的规则要求，但既然是一种人为规定，不表明每个人的理解会一致。需要在实施过程中，给予一定的指导与帮助，以便教师在执行相应的常规时，尽可能地符合常规的要求，保障日常教学工作效度的最大化。

二是教学常规一般都是自上而下的要求，需要教师"照着做"，但不排除有执行者会降低要求，甚至故意不执行。这种现象其实在实际的教学管理中客观存在着。比如"备课抄袭"问题,不管规定可以电子备课,还是要求手写备课,实际上有比较多的教师的教案(供学校教学管理者督查用的)只是从网络上抄袭下来的,而不是自己真正在理解教学内容基础上设计出来的。这种"备课"事实上有违备课的初衷,毫无意义,需要教学管理者通过一定的管理手段加以规范,杜绝这种行为的发生。

三是教学常规有一定的局限性,对于突发事件或特殊情况的适应,需要有人给予协调处理,适度调整。这同样需要教学管理者通过一定的应急管理手段加以解决。

二、教学常规的管理要点

作为一种规范,很多时候是为了群体工作的有序开展而确立的基本要求。而管理则是将规范内容告知执行者,并通过一定的方法手段对执行者的行动进行监控,以便达成既定的组织目标的过程。教学常规管理便是基于教学基本规范的一种管理,在具体实施过程中,需要关注以下三个要点。

(一)规范内容的认同

作为一名处在这个群体中的成员,将文本表达(或口口相传)的规则转化为实际的行动准则时,首先需要对规则的内容较为明确与认同。这也是规范实施的基础。所谓对规范的明确,即知晓规范的基本内容。比如有学校在教学常规中有对"作业批改"的基本要求:"批改作业要及时、认真、细致、不漏批错批,各类作业批改一律用红笔,改笔工整、字迹规范,批改后要在学生划的记分格内打等第。"[1]作为这所学校的教师只有对这些要求相当明确,才能遵照执行。如果不明确,那么再具体细化的要求也会变得无意义。

对规范内容要求的认同,应该包括两层意思:第一层意思是指执行者对规范内容的认可,这当然是一种理想的结果,表明在对规范内容的认识上,规范的确立者与规范的执行者之间是一致的,也会为规范要求的具体落实带

---

[1] 钱爱芙.幸福学校的愿景与行动[M].南京:江苏人民出版社,2017:239.

来便利；第二层意思则是指执行者对规范内容有所保留，并通过与规范确立者之间进行互动沟通，对规范内容作了进一步完善之后的认同。这个层次的认同，不仅仅是接纳，更有价值的是已经有了规范的共创的意味了。

教学管理者在确立了具体的教学常规之后，需要将相应的常规内容告知教师，需要与执行者进行一定的探讨，有时更需要组织一些培训活动，对规范的细节作一定的解读，这样才能让更多的执行者理解与认同，才有扎实落地的基础。

（二）规范要求的执行

教学常规的执行是其价值得以真正体现的关键环节，也是教学管理者在实施教学常规管理时耗时最多，组织管理活动最多的环节。许多时候，管理者最被人诟病，就是因为"只管出台规章制度、制定规范要求，而缺少对制度、规范执行情况的监督与管控"。因此，教学常规的出台，需要有相应的执行管理，才能使教学常规产生其规范教师教学行为的价值。

在一所学校里，教学管理者对教师日常教学常规管理比较常用的方式主要有两种：一是结合日常教育教学活动的随机观察与发现；二是组织教学常规执行状况的专项督查。通过实践来看，许多教学管理者经常会将这两种方式同时应用，互为补充。

结合日常教学活动的观察与发现，是考查教学常规是否落实，是否需要调整改进的比较有效的方式。因为日常教学活动反映的是教师真实的常态工作状况，由此来反观教学常规的落实，更加能够准确判断确立的教学基本规范是否妥当，是否真正体现出为教学服务，为教师发展服务的意义。当然，这种方式由于是随机的，其不足便是整体性不强，不利于发现教学常规整个结构出现的问题。于是便有了教学常规专项管理行动。这类管理行动，由于收集的信息相对比较丰富，也比较全面，故而有利于整体上发现教学常规的一些结构性问题、整体性问题。

（三）规范内涵的发展

教学常规作为一种随着教育教学发展而产生的规范要求，必然会随着教育教学的进一步发展而发展。事实上，从教学常规的发展中，我们也能够感受到教学管理者管理思想的发展、管理理念的发展。再以"备课"为例来说明这个问题。

"备课，写教案"曾经作为一种教学准备，强调教材的解读与教学内容的理解，对学生学习基础的认知则要求不高。这与传统课堂教学基本表现为"教师讲，学生听"的讲授式教学为主有关。新课程理念下的课堂教学，注重课堂教学的开放性，关注学生的学习基础与学习个性，一般采用由学生"先尝试，再交流"的学习方式组织教学。这样的教学设计必定需要教师在"备课"时，了解学生的学习基础，也就是所谓的"备学情"。还有因为新课程理念下的课堂教学，由于突出学生学习的自主性，故而会在课堂学习过程中生成更加丰富的学习资源。对于这些资源的处理也需要教师在备课时做好预案，以保障课上引导学生之用。这样的要求，也是有别于传统教学常规的。有学校教学管理者提出，教师应写"有用"的教案，写"创新教案"。[①]这正是出于对教学常规内涵发展作深层思考之后的呼声。

三、教学常规管理的行动理念

教学常规管理是指学校行政或业务部门在对学校的教学常规工作进行规范与引领，以保证学校教学工作有序进行时发生的管理行为。传统的教学常规管理中，一般比较注重教师个体的行为，而且突出考评功能，却弱化了指导、研讨、引领功能。因为教育是在发展的，教学常规管理的行动理念也需要发展。我们说，新课程理念下的教学，特别注重教师专业的发展，关注教学过程的研究，重视学生学习的自主性，发展学生的学习素养。这样的育人理念的落地，当然需要教师带着研究的眼光，不断探索适合学生学习的教学过程；也离不开教学管理者创造性地工作，助力教师通过研究与实践，实现专业的发展与教学质量的提升。于是，我们便需要思考，新课程背景下的教学常规管理是否应该从"督导指向"向"研究指向"转变？新课程理念下的

---

① 姚跃林.让教育带着温度落地[M].上海：华东师范大学出版社，2017：209-210.

教学常规管理，必定需要从以往强调"督"走向突出"导"。具体可以解构为以下五个方面：

（1）突出指导。通过对教师日常教学工作的调研，及时发现工作中存在的不足，给教师以针对性的指导和引领，以利于教师尽快改进工作，提高教学水平。

（2）引领研究。通过对日常教学工作的调研，发现教师工作中的一些个性或共性的有价值的问题，启发教师关注问题的本质，思考解决问题的策略，以培养教师的研究意识，提高研究教学问题的能力。

（3）强化参与。教学常规管理实现于对教师日常教学工作的调研。这需要有一线教师的主动参与与大力配合。而且本项工作关注的是相互学习，共同成长，有利于促进教师合作意识的形成，参与意识的增强。

（4）关注服务。学校行政和业务主管科室需要清晰地认识到，新课程背景下的教学是一个师生共同成长的过程。实施教学常规管理时，须关注教师的需要与学生的需要，适时为教师专业成长搭建平台，提供专业引领的机会。

（5）注重激励。新课程理念中很重要的一个要素是发现亮点，肯定长处，激励成长。而这也正是教师成长所必需的。因此，新课程背景下的教学常规管理也应发现教师亮点，以多种形式的激励来提高教师的专业素养，增强教师的专业自信心。

建议10：备课管理应从重"形式"走向求"实效"

备课是教师日常教学的基本工作。备课管理则是学校教学管理部门为规范教师备课行为，提高教师备课水平，保证课堂教学有序进行而实施的，集检查、指导于一体的教学常规管理的重要内容。对于管理者来说，备课管理，追求"写得漂亮"还是"用得漂亮"，似乎是个伪问题。因为在学校管理者（一般是教导处的中层领导）的认识中，备课管理的最终目标，当然指向于课堂教学的有效实施。然而，我们在备课管理实践中是否围绕这个目标做了呢？我们实施备课管理的理念是否适宜现今课程改革的理念？提出的备课要求是否为一线教师所认同和接受？备课管理的方式又是否有利于促进教师备课水平的提高呢？

我们在一线调研中经常能看到这样的备课"基本要求"：

教师要认真钻研教材，读教本，看教参，在教本的重点、难点等处写上注解或自己的理解，同年级语数学科的教师必须进行合作备课，不是主备的教案要提早进行实质性修改，上课的过程与修改的教案应基本保持一致。40周岁以下的教师至少对自己主备的五个课时写出详细的教案，并在教学进度表中注明；每位老师每学期撰写不少于10则教学反思。

细读以上"要求"，我们不难发现，"要求"内容虽然有一些备课方法的描述，但更多指向于书面呈现的结果和数量，特别是对所备教案在课堂教学中使用的指导、引领与研究，缺乏明确的要求。显然，这样的要求，更多指向于教师的"写"，而忽视对"用"的研究与引导。可以说，如同上面的备课要求，在基层学校的教学常规管理条例中普遍存在。

作为管理者，我们不仅需要帮助教师树立"'写得漂亮'是'用得漂亮'的前提"的意识，从重"写"入手，对每节课都能有充分的准备，更需要在制定基本备课要求的基础之上，有意识地去改进备课管理的一些方式，调整管理指向，从关注"写得漂亮"中走出来，走到"用得漂亮"的研究与引导中去，让备课真正成为教师有效实施课堂教学的重要组成部分。那么，我们又该如何从关注"备"的角度转变到教案在实际教学中的使用状况的指导、引领与研究呢？现谈以下三个方面的想法与实践。

一、备课检查方式：以"课"察"案"

显然，我们已经达成共识，备好课是上好课的前提，"课"与"案"应该是一个有机的整体，"课案合一"是课堂教学有效实施的基本保证。然而，在实际的管理中，由于学校教学管理部门常常孤立起来看备课文本内容，单纯以文本质量的高低来评价教师的备课水平，忽视以课堂教学的状况来反观教案撰写的质量，从而造成了一线教师普遍存在着"备课归备课，上课归上课"的观念。由此而出现了"直接抄袭名师教案，纯粹从网上下载教案，集体备课主要以上交纸质文本为目的"，文本教案纯粹为应付学校教导处检查而写的状况，"课""案"完全不符的现象时有发生。可想而知，这样的备课，文本再完整，结构再清晰，内容再丰富，对其课堂教学的实施又有多大的帮助呢？显然，这是有违备课的基本功能的。那么，我们又该怎样来引导教师真正形成"备课是课堂教学的有机组成部分"的备课理念呢？以"课"察"案"的检查管理方式，将有利于促使教师形成"课案合一"的备课理念。

所谓以"课"察"案"，即通过对教师课堂教学现场情况的观察，分析教师的课堂教学实践是否与其课前所备教案相一致（当然，这个"一致"不能机械理解），是否就是其课前备课基础上的课堂教学实践，然后，以课堂教学的即时效果来分析该教师的备课水平。这样的检查方式，目的在于引导教师重视课前备课，努力把精力放在对即将执教一课的教学设计与教学可行性的思考上来，从而真正实现备课"备"的功能。当然，这样的管理方式对管理者的要求将大大提高，工作量也会相应增加，检查的方式也需加以改进。如听课方式，一般"推门"听课或"随堂"听课比较合适，便于了解教师们真实的教学状况。为了更客观地了解教师"课案合一"的状况，听课数量一般不少于三次。而由于听课量较大，听课对象可以分批、分阶段确定。在听课人员的安排上，除了以往行政管理人员外，还可增加教研组长、年级组长及骨干教师，特别需要吸收业务骨干参与到听课指导中来。

采用"以课堂教学过程来观察教师的备课状况"这样随机检查的方式的根本目的，在于强化教师对课堂教学中"课案合一"的认识，迫使教师认可并接受这种管理方式，从而在管理的基本流程上杜绝课案不符现象的发生，弥补"只看文本，不关注课堂教学状况"的备课管理方式的不足。

二、备课管理模式：重"质"轻"式"

调查发现，很多课案不符情况的出现，是因为学校在对备课管理中，重视形式上的检查，特别是对备课文本上的高要求，而对教案的实际使用情况则疏于管理，致使老师们把大量的备课时间花在形式化的操作上。事实上，这种做法既费时又低效。因此，我们是否可以在重视备课质量的同时，淡化备课的形式，把备课管理的视点更多放在"课的有效实施"上，改进备课内容与呈现方式的管理，以课堂观察来审视教师的备课情况。我们不妨在以下两个方面进行尝试：

（一）对备课内容的管理，倡导个性化设计

在一些学校的备课管理规定中，对一份教案的内容、流程及文本撰写上的要求非常明确。如教学内容、教学目标、教学准备、教学设计意图、教学反思以及板书设计等都不能缺，有时还会设计统一的表格要求教师备课。我想这样的要求，在规范青年教师的备课时可能需要，但对于大多数有经验的教师来说，则显得过于呆板，不利于发挥教师作为备课主体的积极性和创造性。

备课无非是为上课作准备的。如何来设计一节课的教案，很多教师其实有着自己个性化的理解和有特色的备课方式，像是否需要用表格来呈现，是

否一定要写上教具准备，是否一定要有板书设计等，都不是上好一节课的关键。上好一节课的关键更在于，教材把握是否准确，教学目标定位是否恰当，教学方法选择是否明确。当以上要求都做到了，教学流程简单一些，课堂板书凌乱一些，教学设计意图写得少一些，又何妨呢？

（二）对备课文本的管理，关注个性化使用

备课是否到位，其实不仅仅反映在一份教案文本上。我们完全可以把备课的载体拓展到教材、练习册等一些教师课堂中经常使用的物品上，让备课内容更易拿在手中，出现在教师的眼前，及时为教师的教学提供便利。

当然，有了这样的要求之后，作为管理者在查阅教师的备课资料时，有时可以淡化对教案文字的查阅，着重去看教师的个性化备课内容。我们在调研中发现有许多语文教师将备课内容直接写在教材上。我想，这样的备课实用性比写成纸质文本放在讲义夹里，不知高了多少。我们应该倡导这样的备课方式，对一些有创新性且有实效性的备课方法，及时给予肯定与推广。

三、备课研讨活动：抓"研"促"教"

对于备课管理，作为管理者需要思考，如何帮助教师提高备课水平？事实上，备课是一项综合性的工作，需要教师对教材能够准确把握，具有较强的处理、设计教学过程的能力，有时还需要考虑到一定的教学艺术。因此，教师备课水平的提高，备课质量的提升，不能仅仅依靠规范与检查，更应该倡导一种为教师服务的意识，把备课管理从原来重"督"的倾向，向重"研"的方向转变。建议，作为学校教学管理者，应该多开展备课交流活动，保证教师们有集体备课的时间，经常开展一些在集体备课基础上的课堂教学研讨，引导教师从"课堂实践"反观教案的质量，分析教学设计中的得失，从而提高教师的教学设计能力。而这样的研讨活动，一般需要关注两个层面。

第一层面："研"读——读教材，定目标，想教法，即组织好教材研读活动，这是备好课的前提。只有教材理解透了，目标把握准了，教法选择恰

当了，教学流程设计也就变得简单了。如果再加上每位教师对自己所教班级学生的学习状况作出准确的分析和把握，教学实践效果自然会好起来的。

第二层面："研"课——辨过程，议效果，抓改进，即抓好备后的教学实践研讨。通过对教学过程的分析、讨论，反思教学设计是否得当。在此基础上改进设计，为下一次教学积累经验。事实上，"研"课应该成为备课管理的一个重要组成部分。

总之，对于备课管理，只有管理者的理念"从重'写'转变到重'用'"的方向上来，才能够引领一线教师的备课实践从"写得漂亮"转变到"用得漂亮"的操作上来，让"课"与"案"实现真正的有机整合。

建议 11：常规听课应实现功能的拓展

听课也称为课堂观察，是教学常规的基本内容之一，自然也是教学常规管理的重要内容之一。所谓常规听课，是指学校行政或业务部门对教师的课堂教学进行调研或指导的教学管理活动。在传统的教学管理中，常规听课常常作为了解教师个体教学状况，观察教师对课堂教学中的一些基本的规范要求达成的状况，并以"约束""监督""评价"教师课堂教学过程为目的的重要手段。从实际的情况来看，这种以"督导"为指向的常规听课与新课程关注教师专业成长的理念已不相适应。在新课程背景下，常规听课同样需实现"功能的拓展"和"重心的转移"，应该由"督导指向"向"研究指向"转变，由仅仅关注教师个体的"教学行为"向更关注教学"问题解决"与教师"专业提升"转变，突出"问题研究""专业引领"的功能，从而使常规听课成为一种常态的"教学研讨方式"。简单来说，作为教学常规管理的课堂观察，不能仅仅作为管理手段，更要发展成为以管理为基础的引领教师进行课堂教学研究的基本方式。

一、常规听课的研究价值

常规听课作为课堂教学管理的基本方式，在了解教师对课堂教学常规落实状态的同时，对于引导教师进行专业思考与深入研究有着三个方面的实践意义：一是真实性，二是常态化，三是个体性。

真实性主要是指问题产生的真实。这与常规听课注重日常教学的特点相关。常规听课时，更多关注的是教师的常态课堂。因此，发现的问题也更趋于真实，更多反映了一线教师日常课堂教学出现的真实问题，而且这些问题更需要及时解决。

常态化主要是指研究方式的常态。常规听课关注的是常态课堂，在听课的准备与实施中，更为随机与便捷。同时，也因为着眼于常态课堂，所以对问题的观察、思考与解决，也更易于采用持续的跟进进行观察与探索，直到一定程度上解决问题。

个体性主要是针对研究点的，即源于常规听课的研究，更多着眼于教师个体，由个体层面的思考与探索，发展为群体问题的思考，继而总结提炼一般解决问题的方式，为解决一般问题服务。

二、常规听课的形式及其功能拓展

基于以上理解，学校在常规听课的组织实施中，不应仅仅局限于学校行政或业务主管科室的教学管理者听取一线教师的课，还应该形成一种一线教师间常态的听课交流方式。实践中，可以通过以下几种方式来实现常规听课功能的拓展。

（一）主题式常规听课，指向于"具体教学问题"的解决

主题式常规听课，是指针对于某个"教学问题"研究、主题比较鲜明的教师日常课堂教学调研活动。它是学校常规听课的基本方式之一。实施主题式常规听课的意义在于，能够让学校行政、业务主管科室以及一线教师在一段时期内，集中视角，对某个教学具体问题共同进行研究，商讨解决问题的办法，以形成相应的解决问题的策略，从而在一定程度上解决相关问题。

如有些学校到了期末复习阶段进行的"如何上好复习课"的主题式听课活动。可围绕"怎样的复习才是有效的？如何体现复习课既帮助学生回顾已学知识，又能有新的收获的功能？"等问题，听取不同学科教师的复习课。这样的听课活动不仅能够了解部分教师复习课的教学状况，同时可以梳理出一些颇有成效的复习课教学策略，为一线教师上好复习课提供相应的经验。

主题式常规听课的基本特点是有主题。通过实践，我们知道听课的主题

需要在教师实践中产生，一般是一些较为普遍的问题。然后由学校业务科室（如教导处）统一确定，以便听课的管理者、教师能够围绕相关主题听课。这样的听课活动一般目标明确，研讨和指导的针对性比较强。

（二）延伸式常规听课，指向于促进教师的专业成长

延伸式常规听课是指连续跟踪听取某位教师执教同一节内容的听课活动。它往往是实施于某次随堂听课后，当听课教师与被听课教师对课堂上出现的问题进行了相应的探讨后，有意识进行的课堂教学再实践。

延伸式常规听课有利于帮助教师提高自我反思与课堂教学设计的调整能力，是提高一线教师课堂教学水平的重要方式。具体表现为：一是通过延伸式听课，能够引导教师及时反思教学过程，帮助教师第一时间找出教学中存在的问题，并进行分析思考，从而加以改进；二是通过延伸式听课中教师教学行为的及时跟进，有助于教师切实体会改进后的教学方式方法的恰当与否，真正领会调整后教学方法的优越性。

如一位教学校长在一次随堂听课中，听了一位青年教师执教二年级的"笔算两位数加两位数（不进位）"，课中"小棒操作活动"的组织出了问题，教学效果不太好。课后这位校长与上课老师就"如何用好小棒操作"这一问题进行了研讨，对小棒操作活动进行了重新设计，并请这位教师再次进行教学实践。有了第二次的教学实践后，该青年教师真切体会到了"小棒操作"的价值与应用策略。[1]我们说，基于随堂听课后的问题探讨基础上的再实践，是发展教师教学力的有效方式。

（三）联动式常规听课，指向于发挥教研团队的研究功能

新课程倡导教师主体发展，注重学科团队的整体建设。因此，以教师团队为载体的教研活动是新课程背景下教师学科团队建设的重要策略之一。我们知道，在学校里，教研团队的组成主要有教研组和课题组两种方式。因此，教研组及课题组之间的联动式听课研讨活动同样可以作为学校常规听课

---

[1] 费岭峰. "小棒操作"为哪般？[J]. 中小学数学（小学版），2007（3）：32-34.

的基本方式，以增强年级组、教研组等学科团队之间的交流。

教研组和课题组两类人员构成不相同的教研团队，其联动听课组织策划与实施的主体也是不同的。教研组联动是教研组之间的听课交流活动，组织策划者一般是教导处，具体实施者是教研组。以教研组为单位的联动式听课，因为以各教研组为主体自我确定主题，其关注的点一般比较切合教研组自身的实际；同时，因为由教研组自主设计活动过程，有利于教研组呈现个性化的教学问题和研究过程，有利于教师相互汲取成功的经验。课题组联动是以课题组成员为主体的听课交流活动，组织策划者一般是教科室或课题组，具体实施者是课题组。因为课题组有研究的课题作支撑，一般研究的问题相对深入，有利于教师间研究成果的共享与交流。

在具体的实施过程中，无论是教研组联动还是课题组联动，学校行政或业务管理科室都需给予相关团队专业上的指导与帮助（比如参与观察并作高位引领式的点评），以保证活动高质量地开展。

（四）互访式常规听课，指向于建设教师自主教研的氛围

互访式常规听课是教师间自发进行的，是一种基于教师自由交流的随堂听课方式。我们认为，因为互访式常规听课源于教师间自由的交流，所以活动更具"草根"性，更具灵活多样的特点，是学校行政或业务主管科室进行常规听课的补充。当然，在对互访式常规听课的要求上，有时需要学校管理层对每位教师每学期的听课节数作相应的规定，这可以从制度上保证此项活动的顺利开展。

实践表明，新课程背景下的常规听课，由于其功能的拓展，关注视角的转移，学校管理者与被管理者的关系发生了较大的变化，由原上级与下属的关系转变为合作者、互助者。他们可以就同一个问题进行探讨，有效消除了学校行政、业务科室人员与一线教师的对立情绪，降低了教师的心理焦虑。同时，由于常规听课中关注的重心从教师个体教学行为转移到了日常的"教学问题"，使一线教师对被听课的压力减少了，听课者与被听课者共同着眼于问题的解决、经验的提升，促进了学校良好教研文化的形成。

三、常规听课效度保障

作为学校教学管理者，将常规听课的功能从仅仅观察了解学校教师对于课堂教学常规是否把握、遵守基础上，拓展为将常规听课作为教师研讨教学问题，形成研究氛围营造的功能。因此需要在组织落实常规听课时，切实做好以下三个方面，以保障常规听课的常态落实。

一是建构相应的常规听课机制，组建相应的指导团队，成立互听课小组，在机制上保证常规听课真正成为常态听课交流的一种活动形式。

二是因为常规听课突出了"研究"功能，所以学校教学管理者需要提高自身对教学问题的梳理、分析、思考、解决的能力，需要对产生的问题作出较为准确的判断，以利于课后进行研究与探讨。

三是教研组长的学术水平与组织协调能力也会影响到组间听课及其组内成员的自主式听课活动的开展及对一线教师的专业引领。因此，提高教研组长的学术和管理水平也是保证常规听课功能得以有效拓展的条件之一。

建议12：作业管理应明晰功能与重心

"作业设计与管理"是中共中央办公厅、国务院办公厅2021年7月印发的《关于进一步减轻义务教育阶段学生作业负担和校外培训负担的意见》(简称"双减文件")中特别关注的内容之一，因此，作业管理工作也会是接下来几年学校教学管理重点思考与做好的工作。在"双减文件"出台前，原教育部长陈宝生先生已经在全国教育工作会议上提出了"小学阶段作业不出校门，随堂作业在校园内完成"这样的要求。一线教师们肯定知道，只要有学习，必定有作业。国家的"双减文件"中，特别强调的是要"减轻学生过重作业负担"，事实上批判的是机械性作业、重复性作业等质量低下的作业，反对的是忽视作业功能、忽略作业质量的做法。毋庸讳言的是，作业质量的高低确实与教师对作业功能的理解密切相关，与教师的作业设计力密切相关。一线教师在对作业功能的认识与作业设计上需要下功夫，作为学校教学管理者，同样需要对此作深入的理解，在管理重心上，更需要助力教师更好地实现作业的功能。

一、作业及其功能

作业是什么？通俗地讲，作业就是学生为了掌握学习内容、巩固学习成果而进行的练习。"作业是课堂的延续，是学生掌握课堂教学的内容、巩固已学习的成果，并将知识转化为技能的重要工作。"[1] "布置适量的作业，是使

---

[1] 孙绵涛. 教育管理原理 [M]. 广州：广东高等教育出版社，1999：246.

学生加深理解课堂所学知识的重要手段,是将知识转化为技能、技巧的有效途径。"①

结合作业的定义,我们可以知道作业应该承载着评价、巩固与延学等三个维度的功能。

维度一:评价。这是作业的首要功能,也是容易被教师忽略的。事实上,作业的结果首先反映的是学生对相关知识是否理解,是否存在问题;如若存在问题,又属于是哪方面的问题——是概念理解层面的,思考过程中的,还是思维品质方面的。从深层次上来看作业,应该"是检测教学效果的基本手段"。②作业更多是为教师发现学生学习过程中的问题,反思自己的教学,以及设计有针对性的指导策略而设计,并要求学生完成的。

维度二:巩固。作业的"巩固"功能也是最容易为教师所理解的。因为在教师们看来,做作业就是为了巩固。当然这里的巩固也分为两个层次:层次一是加深对知识的领会与理解;层次二是强化对技能的掌握与熟练。"巩固理解"更多体现在学习了陈述性知识后的作业中,比如概念、定义的理解等;"巩固熟练"则更多体现在学习了程序性知识后的作业中,比如运算、问题解决等。

维度三:延学。延学也就是延伸学习,这也是作业"学习意义"的充分体现。我们说,高质量的作业并不只是课内所学知识技能的简单重复,而是在依托课内所学知识技能基础上的延学与拓学。比如一些实践性作业,一些需要应用本学科知识以外的知识来解决问题的作业等。这样的作业,在课改深入推进的过程中,显得更有意义与价值,因此也为越来越多的一线教师接受并实践。

二、作业管理的重心

作业管理的重心是提升教师的作业设计力。作业管理应突出两个基本理

---

① 萧宗六.学校管理学(第三版)[M].北京:人民教育出版社,2001:331.
② 斯苗儿,俞正强."浙江省中小学学科教学建议"案例解读(小学数学)[M].杭州:浙江教育出版社,2014:275-276.

念：一是关注作业的量，二是创新作业的质。学校教学管理者应注意引导教师结合所任教班级学生的实际，自主设计相关的作业。结合作业应该体现的功能，可以在以下三个方面作出指导与落实。

（一）强化对作业评价功能的认识

我们经常能够看到这样的现象：学生作业质量不高，教师往往会归咎于学生的作业态度与责任心。我们当然不能否认，学生作业质量不高，有学生对作业不够重视、应付完成的因素。但也有许多时候，事实上是学生对课堂上所学知识理解不透，尚未达到迁移水平，不能做到学以致用造成的。

我们试想一下，从作业的内容来说，一般的作业题与课堂上所学的题肯定不会是完全相同的，有时候是情境的变化，有时候是问题结构的差异，还有时候是思维要求的不同。当作业中的题与课堂上的例题（包括练习题）相比，有了一定的变化后，那些对知识理解不透、方法策略一知半解的学生出错也就在所难免了。

在作业评改中，发现了学生出现的错误后，那些总将原因归咎于学生作业态度的教师，其实缺乏的正是对作业评价功能的认识。有研究者发现，一线教师对于作业的评价功能的认知不强，在他调查的 8000 多位教师中占比不足 20%。[1] 前文谈到，作业的首要功能是评价：一则评价学生对某块知识内容的理解与掌握水平，二来从学生的作业状况来反思课堂教学的质量。唯有具备这样的认识水平，才能更加客观地去分析学生的作业状况，对学生的错误问题进行全面分析，从而给出有针对性的指导。

当然，在日常教学实践中，作业的评价功能的体现也会因为作业布置的时机与作业的目的不同表现为两种不同的方式：体现在课堂作业中时，表现为即时评价；体现在课后作业或者家庭作业中时，则表现为延时评价。相对而言，在教学实践中，教师对课堂作业的即时评价功能的认可度更高一些，对课后作业或家庭作业的延时评价功能的认识相对薄弱。因此，学校教学管理者需要在设计课后作业或家庭作业时，强化教师对其承载着的评价功能有

---

[1] 王旭东.精设计·巧管理：作业改革促"减负"精准落地[J].中小学管理，2018（7）：46-48.

充分认识。

（二）做好对巩固性作业量的控制

前文提到的研究者在对 8000 多位教师的调查中还发现："有 80.33% 的教师认为作业的功能是'巩固知识'。"[①] 可见，一线教师对作业的巩固性作用的认识是比较认同的。所以在平时的作业布置中，其目标定位更多着眼于"巩固知识"。

在实际的教学管理中，一线教师在巩固性作业的布置中主要存在着三方面的问题：一是内容匹配性不足；二是对象的适宜性不强；三是量的控制不当。

首先来看作业内容匹配性问题。实践中，教师的课堂作业一般以课本上的习题为主，这些习题一般还是与课堂上的学习内容比较匹配的，所以针对性还是比较强的。而课外作业（或家庭作业）以《作业本》上的作业为主，其中的习题具有一定的普适性，缺少对本班学生的匹配度与针对性，故而经常会出现《作业本》上的作业题与课堂实际的学习内容不一致。教师却习惯性跟着进度布置，造成了作业练习巩固缺少针对性。

再看作业内容的对象适宜性问题。很多时候，教师用了《作业本》上的习题作为全班学生的共同作业，这便忽略了班中学生学习能力存在差异的问题，致使学习能力强的学生囿于简单重复的练习，而学习能力弱的学生可能会有基础性的练习不足等问题。

最后说说作业量的问题，这也是被社会诟病比较多的问题。特别是一些节假日，许多教师不放心学生假期的学习自觉性，会以过多的作业来管控学生的假期生活。这一问题在初中阶段的学校中更为突出。有时候假期只有两三天，学生的作业却有十多张的练习卷。这种现象的存在与过于强调应试有关，也与教师缺少针对性的设计作业有关。

因此，对于学校的教学管理者来说，巩固性作业量的管理问题，是一项重要而又基础性的问题。

---

① 王旭东.精设计·巧管理：作业改革促"减负"精准落地[J].中小学管理，2018（7）：46-48.

（三）鼓励创新延学类作业的设计

前文谈到，作业的过程也是一种学习的过程。因此，学校的教学管理者需要引导教师设计一些延学类作业，这很有必要。新课程理念下，不但重视作业的评价功能，同样也特别重视作业的学习功能，于是，实践性作业、探究性作业、项目式学习类作业，各种作业形式应运而生。做这些作业的过程中，当然有课堂所学知识的基础巩固与简单应用，更有课堂知识的综合与延展，学生经历了又一次学习过程。

比如探究性作业中，起于某个知识点，过程中却着眼于学生的学习经验的积累或思维能力的发展。"数学探究性作业是三至六年级的小学生在探究问题引领下，基于自身知识经验、思维方式展开探究，……，有助于学生在呈现个性化思考的过程中获得高阶思维的发展。"[①]而项目式学习类作业则走得更远。这样的作业不仅要求学生基于情境应用知识，更在于学生经历"完整地研究"，体验知识的应用与知识的创造的过程。"项目化学习要求学生运用积累的学科知识探索和解决未知的、没有现成答案的问题，为每位学生提供了基于项目需求和个人经验的学科知识调用机制，且不限制新知识的卷入。"[②]

这样的作业无疑更符合素养时代的作业要求。作为一名学校的教学管理者，更需要鼓励教师创新作业的方式，设计更多有利于学生素养发展的作业。

三、另外需要把握的几点

学校教学管理者在厘清作业的功能与明晰作业管理的重心基础上，还需要把握以下几点：

第一，鼓励教师结合本班学生课堂学习的状况重组《作业本》上的作业。日常教学中，如果要求教师完全抛弃《作业本》，每次都自编作业，未

[①] 刘善娜. 探究性作业：发展高阶思维的路径[J]. 小学数学教师，2018（2）：9-16.
[②] 林莉，袁晓萍. 基于学术性探究的学科项目化学习设计与实施——以小学数学"校园数据地图"项目化学习为例[J]. 上海教育科研，2021（1）：83-87.

免要求过高，而且也会增加教师的工作量。重组、分类，可以成为用好《作业本》的可行方法，既具有普适性，也能提高作业针对性。

第二，鼓励教师设计分层作业、弹性作业，在提高学生作业针对性的基础上，减轻学生的作业负担，实现作业的评价与巩固功能。

第三，鼓励教师采用多样式的作业评改方式，以激发学生的作业兴趣。比如可设计"免做作业"的激励方式，以提高学生的课堂学习质量（课堂作业连续得优的学生可免一次家庭作业）与课后作业质量（课后或家庭作业连续得优的学生可免一次家庭作业，或享受一次自选作业的机会等）。

第四，鼓励教师实践创新性作业，将"长作业"、探究性作业、学科项目化学习作业作为学生作业的常态形式，以突显作业的学习价值。

建议 13：课程建设应成为常规管理的重要内容

在新课程改革之前的传统的学校教学管理范畴内，课程一般属于国家层面设计的，学校只需完成课程内容的教学落实即可。课程改革理念下，对课程的认识已经发生了很大的变化，课程设计已不再只是国家层面的工作，地方政府与学校也有开发课程的自主权了。2001 年，《国务院关于基础教育改革与发展的决定》中明确提出："实行国家、地方、学校三级课程管理。国家制定中小学课程发展总体规划，确定国家课程门类和课时，制定国家课程标准，宏观指导中小学课程实施。在保证实施国家课程的基础上，鼓励地方开发适应本地区的地方课程，学校可开发或选用适合本校特点的课程。"自此，拉开了我国基础教育课程改革的序幕。于是，地方课程、校本课程应运而生。课程管理、课程领导力也成为了学校教学管理者必须具备与发展的重要的管理能力。"课程建设是学校的核心发展力，随着国家课程权力的不断下放，校长要狠抓课程领导，才能保证课程改革健康全面地推进。"①

新课程改革的几年来，课程建设也确实成为了课程改革实践中最为重要的变革力量之一，成为了学校教学管理工作中的一项重要内容。随之，课程建设力也作为一种学校教学管理者的重要能力获得了足够的重视。

一、课程建设的内涵

我们可以这么认为，课程建设是源于课程改革中课程管理模式变化而对

---

① 任勇. 优秀校长悄悄在做的那些事儿 [M]. 上海：华东师范大学出版社，2017：4.

学校教学管理者提出的。国家提出了三级课程管理模式,将地方课程与校本课程的开发自主权下放给地方与学校,使得学校的教学管理者乃至教师都有开发设计课程与应用自创课程进行教学的责任与权力。从课程管理走向课程建设,这不仅是用词的差异,更在于理念的差异。课程管理更多指向于课程的实施,"管理是确切地知道你要别人干什么,并使他用最好的方法去干"。根据泰勒给出的"管理"的经典定义,我们说课程管理更多是一种侧重于课程如何去落实的过程。

课程建设则不同,它包含着两个层面的意思:一是课程领导,二是课程管理。课程领导是基础,课程管理是保障。

先说课程领导。"领导"的本质是影响,是观念的引领与行为的导向,课程领导即是指学校的教学管理者运用权力对一线教师在课程的规划、设计、创造上作出的引领与导向。近些年来,有学者提出的课程领导力,谈得最多的就是对课程的"引导力、整合力和凝聚力",学校的管理者"要从传统的课程监管者向课程改革的启发者、引领者和课程研发的合作者、推动者转变"[①]。

再说课程管理。"管理"的核心是行为引领,包括行为的干预与监控。课程管理则是着眼于国家课程、地方课程的具体实施过程的监控,学校校本课程的设计与开发的具体落实。

由此,我们将学校课程建设加以具体化,便可以通过以下三个层面进行表达:学校课程的顶层设计,国家课程的具体实施,校本课程的开发应用。

学校课程的顶层设计,即课程的整体规划。顶层设计的核心是理念与方向。从国家课程到地方课程、校本课程,无论是国家课程、地方课程的校本化实施,还是校本课程的课程理念确立,均需要有以校长为首的教学管理团队进行整体设计与架构,以保证课程的实施与课程的研发,都能走在正确的道路上。

国家课程的具体实施,包括国家课程与地方课程,探索的是两类课程的校本化实施问题。这里体现的是从作为学科教学的课程到落实于课堂教学后,

---

① 韩金山.校长课程领导力的关键词:引导、整合、凝聚[J].人民教育,2019(15/16):76—78.

成为发展学生素养的课程的实践路径，即目标的把握、内容的解读、教学的实施与效果的评定等几个方面，均需要学校教学管理者进行全面的落实。

校本课程的开发应用，这一点也是课程改革中最为创新的部分。作为学校的教学管理者，无疑需要组织校本团队进行校本课程的设计与开发，然后确定相关教师通过教学活动加以实施，最终还需要建立针对校本课程的"从设计到应用"的全过程的评价体系。

显然，课程建设相较于传统的课程管理，外延扩大了，价值引导的意味更强了，任务也更重了。因此，有些学校还专门成立了课程部，从组织机制上进行了调整，并在人员、资源以及财力上给予保障。

二、课程建设的常规管理

当把课程建设作为常规管理的一项内容来看待时，学校的教学管理者需要对课程的领导与实施有常态的关注。如针对国家课程、地方课程的校本化实施与校本课程的开发从机制层面统筹与协调；再如在课程实践过程中加以引导，强调课程的扎实，保障国家课程与地方课程的落实到位；还有对校本课程的实施在收集实践数据基础上，进行指导与提出改进的建议；等等。下面从四个方面的行动展开阐述：

（一）激活教师的课程领导意识

我们在强调学校教学管理者需要树立起强烈的课程领导意识，发展自身的课程领导力的同时，同样需要激活教师的课程领导意识，发展教师的课程领导力。有研究者认为：设计与开发课程应当成为教师专业的核心素养之一，"新课程改革要取得成功就需要教师参与课程，成为课程的研究者、设计者、开发者、决策者、评价者、创造性的执行者，也就是教师要成为课程领导者，具有课程领导力"[1]。在新课程实践中，国家或教育行政部门提出的课程理念，最终需要通过一线教师的实践才能真正落地。因此，唯有激活教

---

[1] 黄云峰，朱德全. 教师课程领导力的意蕴与生成路径 [J]. 教学与管理，2015（4）：1-3.

师们的课程领导意识，才能保障课程理念的真正落地。

从教学实践来看，教师的课程领导意识，主要表现在课程设计时的"儿童立场"，切实以儿童为中心，立足于为儿童的健康发展提供帮助，为寻求合适课程扎实实践作准备；课程实践的"过程意识"，在明确教育目的、把准教育目标的前提下，立足当下，从自己的每一堂课开始，从每一次教育行为、每一个教育细节开始，探索有效体现以学生为主体的课程实践模式，积累起丰富的教育教学经验，从而让课程理念生根、发芽，茁壮成长；课程评价的"反思意识"，即一线教师需要扩展学习时空，在深度把握当代教育改革发展脉搏的同时，增强自身的人文底蕴，从而在为人师的过程中，体现出深厚的教育涵养，提升教师的专业影响力，从而使课程实践富有更加鲜明的时代气息与发展意蕴。

（二）发展教师的课程设计能力

在课程改革的背景下，教师已经不仅是课程的实施者，同样还是课程的开发者，因此教师的课程设计能力极为重要。结合现今的教师教学实践来看，教师的课程设计主要体现在两个方面：一是国家课程转化为学科教学时的整体规划与过程实施；二是校本课程的开发与实施。显然，国家课程转化为学科教学时的整体规划与实施，更多会依赖于课程标准与教材编写者提供的配套教学用书，并且有相应的国家课程计划的要求（即课时保障与教学时间规定）作保障，一般还有同学科教师的相互交流作支持。学校教学管理者更多是参照相关要求，作好指导、督查与评估即可。

对于学校教学管理者而言，更需要发展教师的校本课程的设计力。一般可以从课程开发的四个要素上给予有针对性的指导，即课程目标的确立、课程内容的选择（有时候是课程主题的选择）、课程实施路径的设计，以及课程自身质量的评价与学生经历了相关课程学习之后的效果评价（包括评价指标、评价方式与结果呈现的方式）。

（三）助力教师的课程实践扎实

此处所说教师的课程实践扎实更多是侧重于学校校本课程而言的。我们知道，课程的实施一般包括两个部分：一是结合相关课程的教学活动设计，二是基于课程目标的学习结果评价。学校校本课程的实施同样需要有这两个部分。因此，教学管理者需要关注教师对校本课程的设计与开发情况，还需要关注相关课程的实施。

教学管理者对校本课程的实施管理，一般用三个"关注"来把握管理要点：一是关注常态化，二是关注特色化，三是关注过程性。

常态化是指课程实施的时间保证，比如每周课时数的保证与每课时时长的确定。特色化是指相关课程的个性特点，比如有些课程注重实践性，那么便需要设计有关动手参与的学习活动；有些课程注重艺术性，那么便需要设计以审美思想为重点的学习活动等。过程性则是从学习的过程与结果评定的观测依据来说的，也就是说，校本课程的学习结果评定更看重学生参与学习的过程，评价其情感、态度、价值观的变化。

（四）推动学校的办学特色形成

课程建设作为学校的常规管理内容之一，当然承载着促进学校发展的功能。学校的发展，一则表现在办学质量的提升上，二来体现在学校特色的形成上。课程建设显然是推动学校特色发展的重要维度之一。

现如今，许多学校的课程特色已经成为了学校的办学特色，同时也真正起到了促进学校发展的作用。比如东北师范大学南湖实验学校"五向课程"的行动研究，已经从学校办学之初指向于课程内容建设，逐渐发展到基于课程实施路径的学生"跨界学习"的研究，继而发展到基于"五育并举"的学校办学理念的重构，如今已经形成颇具影响力的学校办学特色。[1] 这是一所新建学校的基于学校课程建设的发展之旅。

---

[1] 刘学兵.基于"五育"并举的课程表达——东北师范大学南湖实验学校"五向课程"的行动研究 [J]. 人民教育，2020（8）：64-67.

建议14：发挥"工具单"在常规管理中的作用

我们常说，管理需要技术，更需要智慧。事实上，智慧地管理也就是在充分尊重规律的基础上发挥技术的专业引领作用。学校的教学管理是一种为完成教学任务和实现教学目标而组织的活动，过程中面对着人、财、物乃至时间的统筹，组织活动的策划与设计，需要努力发挥校内各个部门人员的作用。应该说，因为教学管理面对着学校内部诸多人与事的协调、指挥，所以它不是一种简单的管理行动，而是一项需要发挥教学管理者智慧的复杂的管理行动。前文已经谈到，教学管理需要管理者通过系统思维来把握全局，利用整合思维来统整各项工作，运用团队思维来发挥校内人员的集体力量。而在真正开展管理行动的过程中，还需要一定的管理技术、技巧来帮助管理者更好地落实管理行动，使管理活动实现预期的效果。

本节就来谈谈在学校的教学常规管理中管理"工具单"的开发与应用技术，帮助学校教学管理者专业地、有效地组织教学管理。

一、管理"工具单"及其功能

工具的本意有两个：一是指器具，二是指手段。由此，我们可以引申出管理工具单的定义，即在管理过程中用以实现管理效能的手段或材料。

在学校教学管理过程中，所使用的工具单一般以文本的形式呈现，意在体现专业、导引、强化与留痕的功能。

专业应该是管理工具单的基本特质。我们说，管理是一门艺术，但更是一门科学。管理工具单的内容构成首先应该具有专业性，体现管理者对事物发展的客观规律的尊重，以及在管理活动中的核心思想与关注要点。比如夏雪梅博士提出的"项目化学习设计"的六个步骤：寻找核心知识，形成本质问题并将其转化为驱动性问题，澄清项目的高阶认知策略，确认主要的学习实践，明确学习成果及公开方式，设计覆盖全程的评价等[①]，便是在研究了国内外项目化学习设计基础上的专业化提炼，为指导一线教师设计项目化学习提供了专业支持。

导引是指管理工具单在将管理目标具体化的过程中表现出的导向功能，一般在内容设计与方法应用两个维度加以体现。内容维度一般以学科知识或一些通识性知识为主，方法维度则指向于素养维度，立足于研究方法的应用。比如在指向于课堂管理时，便会在管理工具单上设计一些个案关注、数据收集以及典型数据的解读与分析等的相应的课堂观察技术。

强化功能在管理工具单设计中的体现，更多表现在凸显主题、突出重点、把握关键层面。比如，学校教学管理者想组织一次教师"探究性作业"设计的调研行动，便需要在调研单上很明确地注明本次调研的主题与目标，当然还需要有关于"探究性作业"的特征表述与典型案例记录要点的说明。唯如此，才能使参与调研的人员更好地观察与操作。

教学管理效能的实现不是一次管理实践就能产生的，而是一个细水长流、不断实践的过程。利用管理工具单将学校教学管理过程记录下来，还有一个重要的意义便是让管理留痕。留痕可以让管理者对被管理者的行为进行跟踪与对比，同样也可以让管理者对管理过程进行反思与调整。

二、管理"工具单"的类别

教学管理"工具单"有别于教学的管理制度与教学的规范准则，它着眼于教学管理活动进程中行为操作的引导，一般具有由教学管理者作初始设计和管理实践应用时的创造性改进的特点。我们可根据管理视角的范围大小，

---

① 夏雪梅. 项目化学习设计：学习素养视角下的国际与本土实践[M]. 北京：教育科学出版社，2018：32-33.

将管理工具单分为项目设计单和细节导行单两类。

（一）项目设计单

项目设计单一般包含一个项目全部的内容与整体的要求。也就是说，有时从项目设计单就能够看出整个项目的核心内容。

比如，我们在区域推进"学导课堂"教学实践中，针对"学导课堂"的教案撰写专门设计了一份关注学生的"学"与教师的"导"两个维度活动的文本格式（见下表），以引导一线教师在备课时重点思考"学"与"导"的设计。[①]

"×××"学导课堂教学设计表

设计者		学校	
学习内容分析与学教方式选择			
学习目标（含学习重点、难点）			
课前准备			
教学环节与目标	学习任务与要点	学导活动与过程	
板书设计			
学与导反思			

从这份工具单中，我们可以清楚地知道，围绕"学导课堂"项目实践，体现"学导课堂"特点的教学设计，除了需要写明一些常规性的内容之外，需要在"学习任务与要点"与"学导活动与过程"两个方面设计相关的预案，以利于在课堂教学中充分体现。

---

① 朱德江，费岭峰.变革与寻衡："学导课堂"教改实践的区域探索[J].基础教育课程，2020（12）：5-11.

当然，在与之相配套的"学导课堂"的观察量表中，同样围绕"学导课堂"五个方面的评价纬度进行了相应的体现（见下表）。①这两份表格，对于教师来说起着导引作用，前一份是指导教师如何进行备课的，后一份是引导教师观察课堂的；对于学校或区域层面的教学管理者来说，则有着聚焦督查视角、明晰指导要点的作用。比如前一份可以在督查教师的备课设计时，作为标准来检查；后一份则是在进入到区内教师的课堂进行调研听课时记录与后续数据分析所用。

"学导课堂"观察量表

姓名	学科	年级	课题	学习支架		少教多学		深度学习		智慧导学		学习力发展			综合评价
				教学资源	支架设计	方式多元	学程合理	学习发生	深度思维	有效组织	针对助学	情感动力	知识技能	能力素养	
整体评价及建议															

显然，如同上述工具单，注重项目整体设计思路呈现，既关注管理目标的隐含与表达，又导引着项目实践者依据工具内容进行项目实践。这样的管理"工具单"，可以在学校的"长程学习设计""校本课程的开发"以及"项目实践研究"等一些比较完整的项目实施管理时设计与应用，更好地便于教学管理者引导教师扎实开展项目实践的过程。

（二）细节导行单

与项目设计单相比，细节导行单则聚焦于某个实践行为中的某一个环节，更加注重教师教学行为或学生学习行为的细节的监控与导引。

---

① 魏林明.评价是引领区域教学改革的关键[J].基础教育课程，2020（12）：12-15.

比如在一次课题中期检查交流活动中，组织者为了更好地导引参与研讨交流的教师深度参与讨论，便设计了一份导研工具单：

（1）结合课题研究的阐述，你觉得课题组对核心概念的认识（界定）是否清晰？

（2）在对课堂问诊时，课题组确定的内容和观察点是否匹配？操作过程合理吗？

（3）课题组对已进行的实践活动的分析是否准确恰当？

导研工具单上的三个问题是针对本次研讨活动中的一个课题"基于有效教学理念下的问诊式课堂实践研究"提出的。[①] 从着眼于课题本身来看，这三个问题既是引导参与讨论的教师思辨本课题研究的内容和策略的工具，也是引导参与者分析课题组成员的研究实践活动的针对性问题。这是引导参与研讨教师进行深度讨论的关键。同时，有了这些问题的聚焦，也便于教学管理者对交流过程进行即时的分析，作出恰当的判断：研讨交流活动是否围绕课题研究的核心要素在讨论？是否能够达成活动所预设的目标？

再如，我们区域内组织的小学生科学素养监测活动。首先我们需要明确，这一监测活动是基于"能力立意"学科监测整体设计下的一门学科的监测，是区域学科教学质量管理的一个重要组成部分。一般是每学年进行一次，已经成为了区域学业质量管理的一项常态工作。监测时，需要组织区内骨干教师帮助区学科教研员下校进行现场监测。于是，学科教研员便设计了以下"能力立意"监测工具，便于下校教师统一组织，避免监测过程中出现的偏差。以下是某次监测中"抓空气"实验的评分细则（见下页）。[②]

[①] 费岭峰.导研：如何"导"才有"效"？——一次以"导研稿"为载体的课题中期交流活动的实践与思考[J].教学月刊（小学综合版），2011（12）：9–11.

[②] 朱德江，沈冰，阮翔.探索体现课程性质的多元评价方式——浙江省嘉兴市南湖区小学英语和小学科学的学业评价改革实践探索[J].基础教育课程，2014（23）：17–22.

顺序	操作内容（满分10分）		评分标准	得分
1	检查实验器材有无漏气现象	2分	检查1分，说出器材名称1分	
2	把里面的空气甩（挤）掉	2分	不甩（挤）掉袋里原来的空气扣0.5分	
3	装满空气把袋口封住	2分	用嘴吹扣1分	
4	实验现象及结论	2分	不说结论不给分	
5	整理实验器材	2分	不整理器材扣1分	

三、管理"工具单"的设计原则

管理工具单的应用，从管理技术层面上为学校教学管理者提供了诸多的便利。但在设计中需要遵循以下三个方面的基本原则。

一是目标指向明确。这也是教学管理工具单设计的基本原则。如果工具单目标指向不明确，那么再漂亮、美观，或具有操作性，都不能算是一份好的管理工具单。比如，关于"学导课堂"的观察量表，其观察的几个维度就是"学导课堂"的基本要素的具体化。这便使管理者也好，实践者也好，都能以"学"与"导"为基本目标。

二是方便记录要点。这也是学校教学管理工作的一项重要原则。管理过程记录过于复杂，会让实践者无所适从，同样也会使管理者在实施管理行动时，关注过多，缺少聚焦，造成管理效度只能停留于浅层，无法深入体现管理的效度。

三是便于数据分析。我们已经知道，管理的根本目的当然是想让实践行动取得良好的成效。于是管理行动承载着两个基本目标，即发现经验与解决问题。这两者其实都需要有相应的数据作支撑。因此，管理工具单需要便于数据的收集与分析。比如上文中谈到的"学导课堂"观察量表与科学学科实验监测的评分细则，均是既简洁又便于数据收集与分析的比较好的管理工具单的样本。

"常规管理"示例

评·研·引·用：学校课堂教学评比模式创新
——一次校级数学"优质课"评比活动的策划与实践思考

一、活动背景

"优质课"评比是一项各个级别常规性的课堂教学评比活动。在以往的评比中，我们发现存在以下三个方面的问题：

一是活动目标单一。以往的教学评比，更多以追求结果为目的。一节参评课从准备到结束，基本以上课教师独立完成为主，缺少专业的引领。特别是活动结束后，对参评教师在展评中产生的问题缺少分析、探讨。

二是功利性过强。因为是教学评比，许多参评教师在设计教学过程时，更多考虑课的表演性和冲击力，关注舞台效果，缺少对常态教学的思考。教学设计时往往缺少对实际问题解决的意识。

三是缺乏反思意识。不注重活动后的反思及成果的交流和推广。

基于以上思考，我们在策划学校的一次数学优质课评比时，提出了"评研结合，提升素养"的理念，试图把本次优质课评比作为一次组织教师进行教学研讨的校本研修活动，从而在以往教学评比活动以追求结果为目标的单一活动模式上有所突破。

二、活动策划

（一）了解参评对象

本次优质课评比的参评对象确定为三年以上教龄、35周岁以下的青年数学教师，最终有13位教师参加。这些教师都有大专及以上学历，有较强的知识储备，也有一定的教学经验，有积极进取的精神，且具有一定的独立处理教材、设计教学活动的能力，教学研究能力、教学创新能力也较强。

（二）选择教学内容

针对执教对象有一定的教学经验及具备一定的解决教学问题能力的特点，并结合活动前征求部分教师的意见，把各个学段教师们普遍认为比较难上的内容作为赛课内容。最终确定，低段为人教版一下《认识时间》，中段为三下《数学广角——重叠问题》，高段为五下《综合实践活动——"打电话"》。

（三）设计展评流程

（1）独立设计，教学展示。教导处在赛课前一天告知参赛教师教学内容，参赛教师独立设计教学预案。第二天展示教学过程。

（2）共同研讨，思辨问题。针对参赛教师在教学展示过程中出现的情况，由市名师、学科带头人组成的评委组与其进行个别交流，并在每段参赛教师完成赛课任务后，进行总体梳理和总结，肯定他们的成功之处，对问题进行思辨。

（3）重新设计，实践引领。在对参赛教师们的课堂教学过程进行评议时，梳理了成功的经验，也对相关问题进行研讨，在此基础上形成新的教学方案，组织名师进行实践引领和参赛教师代表再实践，体验改进后的教学方案。

三、活动实施

本次活动具体实施分为"评""研""引""用"四个阶段，每个阶段都有相应的任务。

评：独立设计，教学展示

13位参评教师被安排在两天内完成教学展示任务。第一组7位教师展示《认识时间》一课的教学，第二组则由选择《数学广角——重叠问题》和《综合实践活动——"打电话"》的6位教师进行教学展示。市名师、学科带头人组成的评审小组，在听取参赛教师的课堂教学展示后，依据课堂教学实际状况，给定名次。

研：交流研讨，分析问题

评比活动的第二环节，针对参赛教师教学展示过程的情况，评委组教师首先与参赛教师进行个别交流，并在每段参赛教师完成赛课任务后，组织全体教师进行研讨。研讨活动由参赛教师自我反思，同伴相互探讨、讨论新设计等几个环节组成。讨论中，总结成功的经验（如从多位教师的课堂上我们感受到了新课程理念已经融入到了教师的实践中，有多位教师能够为学生多样的学习提供丰富的学习途径），也对一些问题进行了探讨（如教材内容的理解是否准确，基本技能的要求是否得当，教学问题的设计是否合理等），并在研讨中，对教学过程进行了重新设计。

引：评委下水，实践引领

第三环节，两位名师评委进行了下水实践，全体参赛教师参与听课。《认识时间》突出了"结合具体情境，在动态过程中认识时间"的设计意图，教学效果明显比割裂开来认识好。特别是在认读接近"整时的时刻"时，动态演示过程给学生以很大的帮助，学生认读的错误率明显降低。《数学广角——重叠问题》突出了"自主选择图表，感受韦恩图的优势"的设计意图，结合学生的认识逐步抽象"韦恩图"的过程，给听课教师以很大的启发。特别是在对学生自主探索后的学习材料使用中，有层次地展示学生的作业，引导学生积极思索的过程，给一线教师留下了深刻的印象。

用：实践体验，收获成长

课堂问题的研讨，名师的实践引领，最终的目的还是为了让参赛教师能够有更为深入的教学感悟和理解。因此，在名师课堂之后，学校再次安排参赛教师代表进行教学实践，经历和体验从设计思想向实践经验转变的过程，内化教学经验，促进专业成长。再实践的过程，确实也使青年教师们在教材的把握能力上，教学过程的演绎水平上，都较参赛课时有了极大的提高。

四、实践反思

作为一项教学评比，本次"优质课"评比活动在实现教师展示教学水平，提供相互学习与交流功能的同时，更体现了其作为课堂教学研究方式的价值。评比活动已不仅仅局限于一节课，评出几个优秀课例，其更深层次的意义在于突出课堂教学改进和促进教师专业素养提升的价值。"评""研""引""用"相结合的过程,淡化了评比的痕迹,强化了交流、研讨的目的,其实施价值体现在以下层面:

(一)教学评比与教学问题解决相结合

学校组织"优质课"评比活动,规模大,参与面广,应该起着指导教师教学实践和引领教师进行教学研究的重要作用。因此,作为活动策划者,必须以教师平时关注的问题为重点,引导教师研究问题和解决问题。如以上教学评比,选择的"认识时间""重叠问题"和"打电话"等内容,是基于教学难点解决的。通过评研活动,为教师们创设一个相互学习、交流、观摩和研讨的机会,从而为今后教学此类内容打开思路,提供策略。这样的教学评比会让一线教师更容易接受,也更受一线教师欢迎。

(二)教学评比促进教师专业成长

"评""研""引""用"相结合的优质课评比活动,为广大教师搭建了一个"研讨问题、分享成果"的舞台。整个过程中,一线教师有了话语权,有了参与研讨、提出观点、表达思想的机会,从而增强活动的可持续性,激发教师对教学问题进行思考。如在《数学广角——重叠问题》的教学中,教师们对"尝试探究—适时抽象—延伸拓展"等教学方式的思考,在《认识时间》教学中,就"动手操作与空间想象"相结合的设计思路的分析等,均为教师以后教学相类似的内容提供了视点。

另外,教学评比中名师的专业引领和参赛教师自身的再实践,也同样是促进教师专业成长的重要元素。活动中,名师评委与教师们的研讨,本身对教师的成长起到了重要的作用。同时,名师基于教学问题解决的实践,让参赛青年教师观摩教法,对参赛教师的引领作用不言而喻。而后又有参赛教师自身的教学再实践,又让青年教师们有一个亲身体验的过程。可以设想,本次活动,如果没有展示后的研讨,没有研讨后的再实践,活动更多是流于形式,许多教师对这些难点内容的理解仍然只会停留于原有水平。正因为有了后续行为的跟进,青年教师们才能够更好地从活动中汲取成功的经验,为其今后处理相关内容提供了专业上的帮助。

评比不是目的，其真正的价值还是在于教师专业素养的提升与实际教学问题的解决。"评""研""引""用"相结合的优质课评比模式紧紧围绕"自我反思、同伴互助、专业引领"三个要素开展，在充分发挥上课教师各自作用的同时，注重教师相互间的合作，有利于推动以校为本教研制度的建设向纵深发展。

第三章

研修活动组织

所谓研修,即为研讨修行。就其意义而言,便是借助团队的智慧,在群体研讨的基础上,借厘清一些教育教学实践问题的过程,提升自身的专业素养。

——"教学管理的行与思"

建议 15：充分认识校本研修的意义及面临的困境

校本研修，也称作校本教研、校本培训，其实不是什么新鲜事物，它在新课程改革之前就已经存在，只是以前不叫校本研修或校本教研，一般称之为"教研活动"。伴随着新课程实验的来临，"校本研修"的叫法也随之产生。

一、校本研修的内涵及意义

所谓校本研修，即是以学校为组织主体进行的教师教育教学研究与修业活动。它与曾经的教研活动有着形式、过程以及目的等诸多的联系，最大的区别就在于校本研修明确了组织主体。教研活动的组织主体是不清楚的，可以是区级专业主管部门，也可以是市级，当然还可以是省级，乃至国家级，只是到了国家级时一般称作研讨会等；而校本研修的组织主体就是学校，它是由学校的业务科室或教师团队组织的专业研修活动。

当然，从目标上来看，教研活动更多指向于教学问题的探讨与解决；而校本研修作为教师继续教育的一种方式，还具有相应的培训功能，这在新课程改革实践以来，更为突出。因此，对于学校的发展和教师的成长来说，校本研修具有其他主体组织的研修不可替代的重要的意义。

（一）促进教师专业发展

促进教师专业发展可以算作是校本研修的首要任务。理由有三：

一是从校本研修的基础功能上来看，"培训""教师教育"是其基本目标，新课程改革背景下，要将原有的"教研活动"改称为"校本研修"，是想将教研活动中"促进教师发展"的功能加以放大。

二是新课程改革实践也确实需要校本研修首先做好针对教师的培训，比如新课程理念的解读与把握，课程内容调整后的通识培训，还有就是改变"学"与"教"的策略上的尝试与指导，等等。

三是从新课程改革实践后呈现出来的效果来看，校本研修确实在促进教师专业发展的过程中，起到了极为重要的作用。校本研修相较于以往的教研活动，讨论的主题拓宽了，研修的过程拉长了，参与的范围扩大了，参考的资源丰富了，要求教师作出行动后反思的力度加强了，还有就是研修过程中注重团队协作的机会明显增加，使得教师间相互学习、相互促进的机会也增多了……

这些变化无疑为促进教师专业发展带来更多的可能性。

（二）研究探讨教学问题

这也是校本研修继续承载教研活动功能的重要部分。研修的核心是研究、探讨与修炼、修业。教学是需要研究的，教学问题的解决需要教师有一定的研究意识和研究能力，校本研修使得教学研究可以成为教师间讨论问题的常态化手段。

新课程改革实践表明，教师对教学问题的关注越多，其融入到课堂教学改革的实践中也更快。一线教师对新课程改革，因为关注，所以更愿意投入；因为投入，所以更乐于思考与解决问题。我们知道，课程改革的理念需要一线教师通过教育教学实践才能落地，才能体现出发展与促进的作用。然而，新生事物在实践中，也会产生诸多问题。这些问题的解决，除了新课程改革的设计者，基层的教学研究人员，以及课程实践的指导专家们需要努力之外，更需要一线教师结合实践去探索解决问题的策略之道。唯如此，才能最大限度地体现其意义与价值。校本研修即是一种很好地实现这一目标的策略路径。

（三）形成教师学习文化

校本研修因为是以校为本的研修与探索，从学校的发展角度来看，更利于系统思考与设计，可以更多结合学校师资的特色，建构适合学校特点的校本研修机制。同时，还可以通过系统化设计与实践的过程，助力学校教师学习文化特色的建构。

比如说，以阅读为指向的学校教师专业研修特色。有些学校主张教师阅读，于是以引导教师的多元阅读为出发点，培育教师研修的学习文化。如福建东山第二实验小学的"为你读书"社[①]，北京师范大学三帆中学朝阳学校的"每周读书会"[②]等。

而更多的学校则是以观课、赏课、评课、议课为基本的研修活动，有些学校的观课评议活动已经为全校教师们所认同，并且也能够体验到收获的乐趣，将以观课评议为主的研修活动发展成为一种团队共研共享的学习文化。

二、校本研修面临的困境

如今，校本研修几乎成为了每一所学校教师培训与教学问题研讨的常规性工作。作为一项常态化的工作，也已经从课程改革伊始的新鲜、热闹与有获得感的活动，成为了老师们熟知、习惯乃至程式化的活动，有些学校从教学管理者到教师，对这项工作已经缺乏了足够的热情，从而也影响到了校本研修活动的质量。从对学校校本研修工作的调研中发现，学校在校本研修中面临着以下两大困境。

（一）如何把握校本研修"量"与"质"的关系

这里的"量"指的是教师需要完成的继续教育"学分量"。许多地方有教师继续教育学分量的规定。比如浙江省在《浙江省中小学教师专业发展培训学分制管理办法（试行）》中的"第七条"规定："一个周期内，教师参加各类自主选课与指令性培训不少于240学分，其中自主选课一般不得少于190学分；至少要参加一次基础学分为90及以上的集中培训；校本研修一般

---

① 张端妹. 福建东山第二实验小学"为你读书"社 [J]. 教师月刊, 2016（7）：66.
② 李建文. 建一所幸福的学校 [J]. 教师月刊, 2019（6）：19-32.

为120学分。"这里的一个周期为五年，从中可以看出校本研修学分占了三分之一。

这项规定其实对学校的教学管理者来说也是个挑战。在这个培训周期内，校本研修的组织实施，首先需要对每位教师有参与"量"上的保证。从五年120学分算起，每年每人的学分量是24学分，算到每个学期就是12学分，每个学分为一课时，也就是说每个学期应该有12课时的学习任务。再按每天为8课时算下去，即每位教师完成校本研修的时间应该是一天半。看这个学分量，对于每一位教师来说，似乎不算高。如果仅仅是完成这个学时量，对于学校教学管理者来说，也是容易的。在一个学期中，只要组织三次学时量为4课时（即半天）的校本研修活动即可完成。

然而，在操作中我们发现，这个活动量对于学校教学管理者来说，还是具有一定的挑战性的。一则校本研修更需要有针对性，需要体现学科特性，于是教学管理者需要给各个学科提供校本研修的时间，保证各学科组织相应的学科校本研修。那么我们来看看，以义务教育小学段为例，根据国家课程计划共有9门课程（综合性的已经合并在一起了），如果需要不重复安排研修活动，那么需要有27个半天才能保证各学科教师完成规定的校本研修学分量。二来因为教师们除了参加校本研修之外，还必须完成"自主选课与指令性培训"与"集中培训"的学分量（这个学分量每人每学期为24学分，即为3天），因此必须参加上级相关培训机构组织的培训，于是需要管理者作好协调。如果按照规定，那么保证学校教师完成外出培训的相应学分量（参加一次为1天来算），需要在27天中作好相应教师的工作安排。

这个过程中，学科校本研修一般会以学科教研组为主体进行组织与策划。如若需要保证研修质量，对于学校的各学科教研组长则提出了更高的要求。

（二）如何处理好自上而下的主题确定与教师个体需求之间的关系

在实际的校本研修组织中，研修活动质量不高，还主要表现为参与者学习深度不足，研修之后后续行为跟进管理薄弱等。造成质量不高的原因当然是多方面的，但与研修的主题（或问题）不能充分关注教师的需求，活动组织的进程中教师参与度不够有着相当大的关系。对于学校教学管理者来说，如今的校本研修中，因为教师需要经常参与校外上级部门组织的研修活动而完成"学分量"，所以他们也便以尽量让教师完成上级组织的培训为主，对校内教师培训活动的自主设计明显投入不够，动力不足，往往只是临时确定研讨主题，完成基本的研修。

对于学校教师来说，因为更多的研修活动中，研修主题并不是自己特别需要去研究与思考的，故而在参与活动时，很难真正作为活动的主体参与研究与讨论。于是，参与研修活动时，他们以观望为主，感受为主。而对于后续行为的跟进，基本是无从谈起的。

因此，对于教学管理者来说，将教师们特别关注的问题作为研修主题，是接下来这个时期提高校本研修质量的重点问题。

三、校本研修需要系统规划

学校的校本研修工作是需要系统规划的。从上级部门的培训计划到学校层面的校本研修，都需要有较强的系统性和针对性。

校本研修首先是从学校整体层面作出规划，即对学校的整体师资状况作出分析，了解不同教师的专业水平层次和需要发展的生长点，然后有针对性地指导教师参与培训。切忌随意指派教师参加培训活动，以简单完成学时数为目的。如对新手教师的培训，更多需要学校内部组织相应的培训活动，从基本功抓起，逐步细化，逐渐提高要求。否则，对于一名连如何听课都不知道的新手教师来说，派他外出参加听课活动，参训效果也就可想而知了。相反，对于一些有经验的教师，则需要根据其专业特点，设计相应的研讨活动，以提高或改善其某个方面存在的问题，或发展其特长。

校本研修还需要从教师个体层面指导教师制订个人参训规划。这也是为学校了解与设计有针对性的研修活动作准备的。也只有每一位老师了解自己的专业特点，并且确定自身的专业发展方向，学校才能更好地设计出有针对性的校本研修活动，或组织教师参加合适的研修，也才能促使校本研修的质量真正提高。

建议16：实践"以师为本"的校本研修活动

校本研修也叫校本教研，即是指以学校为单位的，基于本校实际组织进行的教学研讨、教师培训活动，是我国学校教育发展过程中形成的，具有一定传统意义的教学研究模式。可以这么说，"教研"是我国教师专业研修的一种特色行动。新课程实践背景下，校本研修以其特有的针对性和灵活性，积极推动新课程改革的发展进程，对新课程的稳步发展起到了重要的推进作用。经过多年的实践，许多学校在校本研修的方式方法上进行了积极探索，也形成了一些颇具特色的组织管理模式，丰富多彩的培训活动也为提升教师专业素养，顺利推进学校新课程改革作出了重要的贡献。然而，毋庸置疑，新课程实验从开始到现在，广大一线教师已经从一开始对"校本研修"的好奇，到了解与熟悉，再到深入地体验和实践，对新课程的认识已经较为深入，在实践的同时，对学校校本研修给予的支持也从原来的理念引领、形式探讨层面，向着深刻认识、问题分析与解决的需求发展，对学校校本研修的内容及其组织方式也有了更高的要求。"以师为本"的校本研修理念也应运而生。

一、"以师为本"校本研修的基本内涵

"以师为本"的校本研修理念是参照"以生为本"的教学理念提出的。如同课堂教学需要以生为本一样，在新课程实施了20年的今天，校本研修从主题确定到活动形式同样需要重视"以师为本"，其内涵可以包含三个层次的意思。

第一层意思，研修的目标是指向于教师对课程理念的理解或在课程改革实践过程中的问题解决的。课程改革理念的落地，当然离不开一线教师的实践。一线教师对课程改革理念的理解对于实践新课程来说，极为重要。因此，为帮助教师理解课改理念而组织校本研修活动，自然是需要的，也是体现"以师为本"的。至于围绕教师在课改实践中产生的问题进行校本研修，则更是"以师为本"理念的典型体现。

第二层意思，研修的方式是为一线教师所喜欢的，也是贴合一线教师日常教学工作的。如果我们的校本研修过多增加了一线教师的负担，那肯定会让一线教师感到不适，甚至排斥，这样的校本研修很难为一线教师所接受，也便难以体现"以师为本"的实践理念。

第三层意思，研修的结果能为一线教师所真正应用，并能在实践中产生效果。这也是"以师为本"的最大价值，一般表现为两种现象：一是体现在教师的专业认知与实践力的提升上，二是体现在实践问题的切实解决上。

二、"以师为本"校本研修的基础

"以师为本"校本研修实践的基础是了解教师的研修需求。新课程实践以来，一线教师到底希望组织开展怎样的校本研修活动呢？我们来看一次"你心目中的校本教研"为主题的调研，以五个开放性问题进行问卷调查：

1. 学校以前组织的校本教研中，哪些活动给你留下了深刻的印象？（可举例）

2. 你所在的教研组平时是怎样开展教研活动的？（可举例）

3. 教研组活动时，你认为遇到的最大困难是什么？（可说2项）

4. 你现在最为关注的教育教学问题是什么？（或者说你希望得到怎样的专业支持？）

5. 你希望开展怎样的校本研修活动？（可举例）

这次调查共发放问卷72份，回收66份。调查结果如下：

（一）印象深刻的活动

题号	1	2	3	4	5	6	7	8	9	10
活动名称	课堂教学研讨	主题教学展示	班主任兵法	文化视野	专家讲座	教师论坛	名师来校展示	理论学习	备课指导	课题答辩
人数	38	16	13	12	10	9	8	7	4	2
占百分比	57.6%	24.2%	19.7%	18.2%	15.2%	13.6%	12.1%	10.6%	6.1%	3.0%

从调查结果可以看出，围绕课堂教学进行的研讨，是老师们印象最为深刻的校本研修方式，共有38人次谈到"课堂教学研讨"，16人次说到"主题教学展示"，分别占调查人数的57.6%和24.2%。相对而言，选择理论学习、备课指导及课题培训的老师比较少。从中可以看出，一线教师还是比较关注课堂教学中的问题研讨，注重实际教学问题的解决，而对理论层面的学习和指导印象不深。

（二）教研组平时开展的教研活动方式

题号	1	2	3	4	5	6	7	8
活动名称	遇到问题即时讨论	主题式研讨	定期进行组内交流	案例研究式	对教材的解读	个人求知	常态教研与主题教研结合	围绕课题开展研讨
人数	30	20	11	6	2	1	1	1
占百分比	45.5%	30.3%	16.7%	9.1%	3.0%	1.5%	1.5%	1.5%

从调查数据可以看出，遇到问题随时进行研讨的教师占被调查人数的45.5%，将近占了总人数的一半，这说明一线教师自主研讨的愿望和意识还是比较强的。另外有近三分之一的教师说到了"主题式研讨"，这是对学校倡导的主题式教学研讨活动的肯定，同时也是教师们希望对某个教学问题能够集中精力给予持续关注与研究，寻求解决问题的最优策略。另外，调查结

果还反映出开展课题研讨的老师比较少,说明一线教师教科合一的意识不够强。还有一些教研组有定期交流的习惯,这是教研活动取得实效的一个保证。

(三)教研组活动时遇到的困难

题号	1	2	3	4	5	6	7	8	9	10
活动名称	缺少名师引领	缺少实质性探讨	缺少统一认识	理论提升不够	准备不够充分	缺少时间保证	人数较少,氛围不好	有老师不够主动	主题变换太频繁	抓不住活动主题
人数	13	10	9	7	5	4	4	2	1	1
占百分比	19.7%	15.1%	13.6%	10.6%	7.6%	6.1%	6.1%	3.0%	1.5%	1.5%

本项调查中,第1至4项一线教师谈到的困难,其实都可以归结为活动缺乏引领,占被调查人数的59%,接近六成。这说明,对活动主题的深层次思考、活动过程的有深度引领、活动成果的策略性总结与提炼,是一线教师自发组织校本研修最为困难的部分。这就需要校本研修的组织者多从引领及组织方式上给予帮助,学校业务领导或骨干教师能够深入教学研究第一线,给一线教师的教学研讨以引领。

(四)现最为关注的教育教学问题

题号	1	2	3	4	5	6	7	8	9	10
活动名称	怎样上好一节课	特殊学生的教育	专业理论的提升	课堂教学与作业处理	学科素养	如何突破教学难点	班主任管理方法	习作教学	教材的理解	提高语文训练的效率
人数	13	6	6	5	4	3	3	2	2	1
占百分比	19.7%	9.1%	9.1%	7.6%	6.1%	4.5%	4.5%	3.0%	3.0%	1.5%

从调查的第 1 项、第 6 项、第 9 项和第 10 项的结果显示，一线教师对如何上好一节课比较关注，合计占被调查人数的 28.7%。其次对特殊学生的教育以及专业理论的学习也比较关注。这与教师的日常工作有关，也说明在教师的观念中，上好每一节课，提高每一节课的课堂教学质量，是一名教师必须考虑的问题。另外，在一线教师的心目中，关注特殊学生的教育同样十分期待，希望有好的经验可以借鉴。

（五）希望开展的教研活动

题号	1	2	3	4	5	6	7	8	9
活动名称	形式多样、活泼、有效	与日常教学联系密切的活动	请校内外名师展示或作观点报告	文化视野	同课异构或异科研讨	就某个问题深入研讨	教研组教师集体讨论	专家讲座	外出学习回来后的展示
人数	21	19	14	10	8	6	3	2	1
占百分比	31.8%	28.8%	21.2%	15.2%	12.1%	9.1%	4.5%	3.0%	1.5%

从调查结果可以看出，31.8% 的老师谈到了希望开展的校本研修活动组织形式多样、活泼、有效，28.8% 的老师希望开展的校本教研活动考虑与日常教学的联系，这一则与现阶段一线教师工作节奏快、负荷重、压力大，身心比较疲惫不无关系；二来也可以看出，一线教师对新课程实施以来的诸多教学问题比较关注，希望通过校本研修能够及时有效地解决日常教学产生的问题。还有超过 20% 的老师希望通过参与名师课堂教学的研讨，从名师的课堂教学及观点报告中得到启发，有所收获。

三、"以师为本"校本研修的实践要点

了解了教师对校本研修活动的需求，也为教学管理组织实施校本研修提供了方向。实践"以师为本"的校本研修，可以把握以下三个要点。

要点一：顶层设计，整体规划，让研修有方向

经过新课程的多年实践，我们已经达成了共识，校本研修需要结合学校自身不同阶段的工作重点、课改难点提出研修活动的主题，组织研修活动。因此，学校对校本研修的整体规划显得极其重要，不同阶段需要有不同的研修重点。只有关注了不同阶段的研修重点，才能实现校本研修的阶段性目标。实践中，整体规划一般分为三个层面：学校、教研组与教师。学校的总体规划重视上级与校本研究关注点的整合，教研组的规划关注学科教学普遍问题，教师个人则从自身教育教学实践出发思考近期教育教学研究重点。实践表明，校本研修的实效性必须建立在学校、教研组以及教师个人三者均对某个教育教学问题有研修的欲望、解决的期待的基础上。

要点二：确立主题，阶段推进，让研修有实效

有主题的研修活动能在一定时间内，给予集中的、持久的、深入的研究与探索，从而对课程改革中的某些热点、难点问题进行研究、探讨，以期尽快解决问题，抑或提高教师教学实践能力。有主题的校本研修一般切口比较小，目标更明确，操作便捷、方式灵活，为一线教师所喜爱。有主题的研修活动促使一线教师较长时间内系统地关注新课程改革中的一些热点及难点，通过一段时间多层次的活动来推进关于主题的深入研讨，提高校本研修的实效性。

要点三：注重引领，关注协作，让研修有合力

校本研修需要有引领者，因此在研修组发展的起步阶段，学校业务领导或名师则要深入教学研究第一线，给一线教师的教学研究以专业指导，切实引领和帮助一线教师研究解决实践问题，从而保证校本教研的研修质量。同时，需要发挥教研组成员间的协作，共同探讨解决问题，借助教研组团队的"组本"研修，来实现校本研修中分组、分段进行适合于不同年级段的研修活动，从而增强研修的针对性和个性化。

建议17：借系统思维凸显校本研修的"研修"特质

简单来说，系统思维就是将个别现象纳入到整个系统中进行分析与思考，从而找到理解事件的本质或者解决问题的方法的思维方式。系统思维的基本特征是全局性、整体性，也是现代学校管理的重要思想之一。"校本研修"作为学校教育教学的一项重要活动，离不开系统思维的支撑，一般表现在三个层面：

一是目标层面。系统思维下的"校本研修"一般不孤立起来制定研修目标，而是结合学校整体的教育教学工作，将研修目标纳入到学校的整体规划之中，会非常关注学校教师作为研修主体的学习需要，将指向于课程理念的理解或在课程改革实践过程中的问题解决作为基本目标。实践表明，一线教师对课程改革理念的准确理解对于实践新课程来说极为重要。至于围绕教师在课改实践中产生的问题进行校本研修，也是系统规划与实践的重要内容。

二是组织层面。系统思维下的"校本研修"在组织的形式上，一般会基于学校教育教学活动的特点，突出实践性与思辨性、操作性与理论性的有效结合。在活动的策划上也会设计为一线教师所喜欢的方式，努力贴合一线教师的日常教学工作。因为我们知道，系统思维下的"校本研修"会重视一线教师的工作负担，避免引发一线教师的工作学习焦虑，从而弱化"校本研修"的主体意味。

三是结果层面。系统思维下的"校本研修"在关注教师的专业认知与实践力提升的同时，也切实关注实践问题的解决，在引导参与研修的教师经历过程，积累问题解决经验的同时，能够提升教师适时调整解决问题过程的策略水平。另外，以校为本的研修，更易引导教师切实体验经历"成长感知"，使其"成长可见"。

以上三个层面的表现，汇聚成一点，即系统思维下校本研修的组织与实施，突显"研修"特质是关键。以下从五个方面具体展开说明。

一、把握困惑点：突出校本研修的"解惑"特征

简单来说，学校组织教师进行研修的目的有两个：一是理解新理念，二是研究真问题。因为新政策或新理念如何落地与实践中真实问题如何解决，也时常是引发一线教师迷茫、焦虑与困惑的重要来源。

理解新理念，一般是在与教育相关的政策法规颁布或课改起始阶段。比如"双减"文件出台之际，新版"课程方案""课程标准"颁布之初，文件的新要求需要贯彻落实，课程内容的调整需要落地。这个时候需要通过研修引导教师理解内涵，达成共识。比如"双减"文件一出台，基层学校与教师便需要明晰"作业改革"的真正意义与本质内涵，理解"课后服务"实践意义与操作要点，等等。关于新版"课程方案"与"课程标准"，更是涉及了所有学科在课程目标、课程内容与课程实施、评价上的变化，需要一线教师去理解相关内容。校本研修需要抓住这些困惑点，组织全体教师一起学习，共同探讨，从而在深刻领会的基础上，努力将课程改革的理念落到实践中去。

同时，在文件出台的开始阶段，或者方案、标准等颁布伊始，很可能在政策导向与教育实践间产生矛盾。这种矛盾也就是教师实践时碰到的问题，产生的困惑。比如"双减"文件中，关于"作业量的控制"与"课后服务的保障"等问题：如何在有限时间内引导学生高质量完成作业？如何在服务时间延长基础上，为学生创造更有意义的学习空间？等等。这些问题一经产生，便需要研究探索并加以解决。校本研修便可以此为出发点，组织教师共同探讨解决问题的方法策略。

二、生成研修点：体现校本研修的"聚点"意义

校本研修因为有时间与资源的限制，研修主题需要聚焦，某次活动或某

个时间段内的活动需要确立相应的研修点。唯如此，研修效果相对较好。实践中，研修点的生成可以有以下两种方式：

一是"问题"聚焦。问题解决策略的探索，是一线教师研修活动的基本聚焦点，为学校校本研修主题确定的基本方式。比如，针对"学生问题意识薄弱"的问题，从研究的角度可以有多种抓手。比如，可以利用"导问"工具，培养学生的问题意识；也可以在课堂教学中设计"引问"环节，发展学生的问题意识；当然还可以探索类似于"一课三问"的课堂教学模式进行探索。当需要围绕这个问题组织研修活动时，可以从以上三种途径中选取一种，比如"导问单"的设计与应用，进行深度探索（如结合课堂教学进行研修），从而形成相应的方法策略。

二是"热点"聚焦。新课程方案等纲领性文件颁布后，许多概念都是新的。对于一线教师来说，什么都进行深度学，一下子无法开展，于是从中选择一些具有代表性的内容先行展开探索，不失为一种深度学习与领会"方案""标准"内涵的有效方式。比如，在新版"义务教育阶段数学课程标准"出台之际，许多地区选择了"量感"这一素养表现词进行实践研究，比较快地探索形成了一些有效发展学生量感的教学方法策略[1]，既为实践者后续研究其他相关主题积累了经验，同时也为学习者提供了方法策略层面可学习借鉴的经验。

三、放大体验点：突显校本研修的"实践"要点

"校本研修"实践到今天，管理者与策划者已达成共识，研修要有质量需要参与研修的教师真正卷入到研修的过程中来，体验研修活动的每一个节点，感受研修过程带来的概念明晰、问题解决的策略路径上的有效性。简言之，要保证校本研修的质量，需要在研修过程中放大体验点，引导教师经历研修的全过程，突出教师在研修过程中的真参与、真体验。

那么如何突出校本研修的体验导向，让研修者实现真参与、真历练呢？

---

[1] 费岭峰."量感"的意义、内涵解读及其教学要点思考[J].小学数学教师，2022（10）：14-17.

实践中，需要把握"两全三思"的基本原则。"两全"是指全体性与全程性；"三思"是指活动前的自主思考、活动中的群体思辨以及活动后的个体再思。活动中，可以借助"导研"工具，比如"导研稿""导研单"来引导参与者深度参与，切身体验。

如某校数学教研组在组织的"基于'数学基本活动经验'"主题研修活动中，借助"导研稿"的"导"有效实现教研活动各个环节的研修目标[①]：活动准备阶段，于"导"中熟悉主题内容；实践设计阶段，于"导"中关注引导策略；活动实施阶段，于"导"中明晰实践效果；经验应用阶段，于"导"中落实活动成果。显然，应用了"导研稿"这一教研工具，有了方向上的把握，有利于在研修活动深入进行时，对参与者碰到的困难作出提前的预判及思维导向上的帮助，更好地带动参与者体验研修进程，获取活动经验。

事实上，放大体验点的真正意义在于实现校本研修的"实践"特色。无论是"导研单"的先期完成，还是过程中的活动实践，目的均在引导参与研修的教师真正卷入到研修活动中来，经历研修的整个过程，从而形成相应的活动经验。

四、梳理得失点：展现校本研修的"研究"特色

前文谈到，校本研修在关注教师的专业认知与实践力提升的同时，也切实关注实践问题的解决。那么，当围绕某个主题的一次校本研修活动结束之时，问题是否解决了？教师对相关主题是否有更深入的理解了？这需要研修组织者与参与者作出一定的梳理与分析。这也是作为研修方式之一的校本研修"研究成果思维"的体现。

当然，梳理校本研修过程的"得失点"也是需要一定的方法的。一般可以从两个维度加以梳理与分析。

---

① 胡慧良，费岭峰.依托导研工具 提升教研质量——一次以"导研稿"为载体的数学教学研讨活动的实践与思考[J].中小学教师培训，2013（9）：48-51.

维度一：从参与者对相关主题的即时理解水平来梳理。这是活动组织者基于研修活动参与对象的观察与反思，也是一般校本研修活动效度分析的基本视角。对于活动策划较为严谨的校本研修来说，此视角的分析可以基于两组材料：一是参与者现场交流分享时的状态；二是参与者留下来的学习体会与反思记录。有些学校在校本研修开展时，会设计一张"静思录"或"研修单"等，目的便是引导参与活动的教师记录活动过程中的所思所想。事实上，这些材料很能反映参与者活动过程中的学习状态，以及对研修主题的理解水平。

维度二：从对研修活动推进的全过程作回顾与梳理。校本研修组织策划，需要实践经验作支撑。从研修活动推进的全过程作梳理，一则有利于活动组织者积累丰富的组织策划经验，二来也有利于组织者反思本次活动的全过程，在体会成功的同时，深度分析一些问题，比如：主题是否明晰了？参与者交流分享时，是否有好的经验被忽略了？过程中有哪些参与者仍然处于茫然状态，组织者对此却没有关注到？……有了这样的回顾与梳理，有利于后续围绕本主题的研修作出改进。

五、感悟成长点：发挥校本研修的"助长"价值

这是针对校本研修参与者而言的。事实上，在如今校本研修已然成为常态的情况下，研修参与者对自身参与活动之后的"成长感受"却变淡了。造成此种现象的原因可能是多方面的，比如现如今研修活动过多过频，使得一线教师对研修缺少新鲜感，反而有了更多的疲惫感；又如现如今学习途径更加多样，一些同伴的交流变得缺乏深度等。当然，也与研修活动的组织者缺少对研修参与者"成长感受力"的关注不无关系。

助力教师专业发展也是校本研修的目标之一。因此，校本研修在组织教师共同研究教育教学问题、探索问题解决策略的同时，唤起参与活动的教师的"成长感受"，也是极为重要的组织技术。实践中，可以通过以下三种技术加以强化：

一是核心主题回顾技术。一般在活动结束前，通过现场PPT或者与活

动过程相关的素材，将本次研修活动的核心主题作一回顾。回顾时，可引导全体学习者一起参与，也可指名参与阐述表达。事实上，对于核心主题的回顾，有利于参与者加深对主题的理解，有助于尽快内化。

二是激发个体反思技术。引发参与者作深度思考，应该是研修活动的基本目标。在活动的不断推进过程中，始终要激起参与者的学习思考。过程中，可采用设问、引问、互问等小技巧，组织群体互动，促发参与研修活动的教师们及时反思收获点，强化正向引导，关注成长发生之处。

三是主题延伸学习技术。从校本研修活动的效度来看，不仅看现场，更需要关注活动后参与者就相关主题的延续学习或研究。这当然与活动全过程的质量相关，但也需要一些引导参与者对主题延伸学习的触发技术。比如任务驱动式延伸，可在活动结束前布置围绕相关主题的延伸任务，引导教师进一步探索；比如提供相应的学习资料索引线索，为教师后续学习提供便利。当然，还可以设计成后续围绕相关主题的子课题招标、学术征文等形式，引导教师延伸学习，进一步探索与思考，形成更为丰富的实践性成果。

建议18：校本研修主题确定需作好可行性论证

校本研修需要主题，已经成为了学校教学管理者与教师们的共识。然而校本研修的主题如何确定，又该怎样设计，却是需要一线教学管理者们深入思考的问题。事实上，新课程改革实践以来，虽然"校本教研"与"校本培训"等着眼于教师专业发展的校本研修提出了近20年，学校的教学管理者们也知道，"只有需求导向、主题序列化的培训内容，才能引发教师的深度思考与自主迁移"，但"培训内容缺乏鲜明主题引领，随意性大"[①]等现象仍然普遍存在。究其原因，无外乎两个：一是学校教学管理者对研修主题的来源缺乏深度调研与针对性设计，造成主题的适切性不足；二是教师对研修主题的深度理解与前期研究不足，造成研究过程流于形式。

一、主题怎么来

校本研修中的"主题"选定是重要的，也是基本的，它应该是保证研修活动有成效的基础。一个好的主题，不仅能给整个培训与研究指明方向，而且还会引导全体参与的教师围绕同一个目标参与其中。实践中，校本研修的主题来源有三种途径。

途径一：自上而下定主题

所谓自上而下，就是上一级专业部门或学校管理层为了着重研究解决一

---

① 张浩强，陈丽.走向"主动学习者"：校本培训的理念更新与路径转型[J].中小学管理，2021（2）：56-57.

些热点、难点问题而为某些学校或教研组确定的研修主题。相对而言，这样的研修主题研究视角比较中观，并带有通识培训的意图。

如在新课程刚刚开始实施时，从上级专业部门到学校管理层，一般将"解读新课标""建构主义理论与新课程实验""走进新课程，做阳光教师"等类似的主题，作为学校校本研修的主题。又如近阶段最为热门的话题——"双减"。自中共中央办公厅和国务院办公厅印发了《关于进一步减轻义务教育阶段学生作业负担和校外培训负担的意见》之后，各级地方教育行政部门都出台了相应的实施意见，要求各级各类学校落实"双减"文件精神，特别是"作业减量""课内增效"与"质量监测"的问题，也就成为了许多学校近阶段的校本研修的重要主题。

途径二：研修团队选主题

校本研修团队自主选取研修主题，是研修主题最为基本的生成方式，也应该是最能体现教师团队研修需要的，利于实践问题深度探讨与及时解决的方式。

比如当新课程实施了一段时间后，一线教师对新课程的理念也有了相应的了解，对新课程实践也积累了一定的切身体验，于是一些源于新课程实践的问题也便产生，需要学校教师集团队智慧研究探索解决的方法策略。在这个过程中，许多来源于一线的，出于对新课程实施过程中问题研讨的校本研修主题应运而生。如有学校四年级语文教研组（共6位教师）在新课程实施到第四年时，确立"让关键性内容起到关键性作用"这一研修主题。该研修主题是教研组成员通过三次组内交流与研讨，经过相应的集体备课和教学实践之后确定下来的。

途径三：个人课题变主题

我们可以将这种校本研修主题生成的方式看成是"自下而上"的方式，即将教师个体关注的研究问题上升为教研组团队（也可以是其他研修团队）共同研究的问题。

我们知道，教师既是实践者，也是研究者。在如今的学校里，主持研究课题的教师越来越多,有的是几位教师组成课题组进行研究,有的可能就一个人独立地在做课题研究。课题研究已经成为了越来越多的教师思考、解决教育教学实践问题的重要途径。虽然教师个人主持的研究课题一般研究切入口比较小,但容易聚焦,研究方式也比较丰富,很能体现教育科研从"大处着眼、小处着手"的理念,而且有些问题同样具有普遍性意义。于是,有些校本研修团队,便会将团队某位教师的研究课题升格为整个研修团队的研修主题,以团队的力量共同研究解决这个问题。这同样不失为校本研修主题生成的一种比较好的方式。而且这种研修主题生成的方式,比较适合于团队组建阶段,且属于成熟教师(或名师)带新手教师的团队。

当然,随着校本研修活动的不断深入,自上而下的主题确定、研修团队自主选取主题与个人研究课题升格为团队研修主题等三种方式,已经成为学校校本研修主题生成的基本方式,且在实践过程中,相互交融,互为补充,使校本研修主题生成更具灵活性和针对性。

二、主题确定是需要作论证的

前文谈到,某校四年级语文教研组的"让关键性内容起到关键性作用"这一研修主题,是教研组成员通过三次的组内交流与研讨之后确定下来的,而在这三次讨论研修中,从"主题内涵的理解"到"教材内容的分析",从"课程标准的解读"到"教学方案的预设",教师们已经对"关键性内容"以及"关键性作用"的内涵有了清晰的理解,然后再制订研修计划,整个教研组按照计划深度研修,最终取得了预期的研修成效。显然,一个研修主题,从产生到成为引领研修团队深度研究教育教学问题,最终通过研修或提炼成果或解决问题,是需要作相应的主题论证的。实践中,研修主题的论证一般从内涵的明晰、可行性分析、研修过程的规划等三个方面进行。下面以一所学校的"学导课堂教学新常规"研修主题的论证作具体阐述。

(一)主题内涵的明晰

主题内涵的明晰分为两个维度:一是概念内涵的明确,二是主题内容的解构。

"学导课堂教学新常规"是在对学校部分年轻数学教师（包括在编新手教师、合同制教师以及代课教师）的课堂教学观察的基础上，针对这些教师在课堂教学实践中出现的入课时间偏长、自身讲解过多、深度思维不足、练习层次不清以及照顾全体不到位等问题提出的。意在将一些解决上述问题的技能技巧作为课堂教学的常规给予明确，以引导年轻教师尽快成长，成为合格教师。

作为"课堂教学新常规"，其核心点应落在"新"字上，即此主题中的"常规"有别于我们常说的"备课""作业批改"等以往的教学常规，是指课堂教学中，需要体现新课程理念，突出学生自主学习的教学组织方法与策略。具体可以解构成以下三个观察视角：

层次一：关注全面。这一观察视角又可以通过两个维度来体现，一是全体参与，二是全面了解。所谓全体参与，即课中需要有全体学生参与的学习活动，比如尝试练习每位学生必须都有经历，都有思考，都有体验。所谓全面了解，则是指全体参与之后，对不同水平学生的学习状况均有了解，关注不同的解题过程，给学生展示思维过程的机会等。

层次二：注重效率。这一视角一则强调40分钟时间的分配，即入课时间、新知学习时间与巩固练习时间的分配是否合理。二则强调学生的学习过程是否有效，即是否让学生多经历、多体验了，是否使学生思维充分展开了等。

层次三：照顾差异。这一视角更多是看教师是否关注了学习有困难的学生，有没有给后进生有效的帮助。同时，也需要看教师是否设计有挑战性的问题，为学优生提供思维发展的空间等。

校本研修团队唯有明晰了研修主题的内涵，才有深入研修、共同探讨的基础。

（二）主题实施的可行性分析

主题实施的可行性分析，主要包括研修主题的适切性思考与实施者能力适配性分析。主题适切性的思辨主要考虑两个维度：一是主题是否切合学校现阶段发展的需要，二是研修团队的组织者与引领者是否具有相应的组织策略与活动设计力。而实施者能力适配性分析则是针对本团队教师的研修力而言的。

确立"学导课堂教学新常规"作为学校校本研修的主题，一是学校培养年轻教师的需要，是很切合学校目前发展阶段的实际状况的。学校年轻教师的比例越来越高，需要有相应的规范来引领他们尽快步入正轨，尽快成熟起来。同时，因为从"常规"的本意来说，即指经常使用的行动准则或规范，具有一定的外显性，所以对于组织者而言，也是相对可行的。学校可以充分分析、总结有经验的教师在常规实践上的经验，形成一些可操作的方法策略，以供年轻教师们学习与模仿。

当然，"新常规"的学习与应用，对于年轻教师来说，因为"教学常规"是一些日常教育教学行动中的准则或规范，具有显性特质，所以也会有"学会"与"用好"的可能性，也属于他们的能力范围之内的。

综上所述，学校确立"课堂教学新常规"的研修与探讨，是可行的、适切的。

（三）主题实施过程的规划

当对相应的校本研修的主题内涵与可行性作出论证后，主题算是基本确立了。接下来要考虑的是研修活动的规划设计。事实上，研修活动的规划同样需要作一定的论证。只是这个论证过程局限于研修团队内部，结合主题内涵与可行性分析的结论，对研修过程作出合理安排，对相关主要活动在时间点、任务分工上作出规划。

"学导课堂教学新常规"的研修规划，设计时一般包括解构后的研修点与探讨的时间点、研修内容或活动的载体确定、节点活动中参与者的具体分工等内容。具体可以用以下表格来呈现。

"学导课堂教学新常规"校本研修活动规划表

主题	小学数学"学导课堂教学新常规"研讨
主题内涵	
团队成员	

续表

活动规划	本主题的研讨分五次进行。 　　第一次（9月15日）：研修团队集中讨论，初定研修主题为"学导课堂教学新常规"研讨，并初步形成"课堂教学新常规六条"：入课短平快、新知给尝试、反馈重整体、交流展思维、讨论应详略、练习有层次。 　　讨论后的任务：每位成员将"新常规六条"纳入到自己的课堂中，并初步整理出每条在课堂中的具体表现。 　　第二次（9月30日）：某位研修成员执教观摩课，全体成员以初定的"新常规六条"进行课堂观察，并记录课堂上教师在执行这些规范时的具体表现。 　　讨论后的任务：每位成员将修正后的"新常规六条"继续结合自身的日常教学进行修正，并记录相关问题。 　　第三次（10月14日）：组织集体备课，重点将修正后的"新常规六条"纳入到教学设计中，并再次请研修成员执教观摩课。全体成员继续做好观察记录。课后再次讨论，基本确定"学导课堂教学新常规六条"（也可以是五条）。 　　讨论后的任务：每位成员将基本确定的"新常规"应用到平时的课堂教学中，成员间相互观摩课堂，观摩常态课中"新常规"的应用，并记录应用状况，收集更为全面的数据。这个时间历时一个半月。 　　第四次（12月1日）：研修团队再次就常态课中收集的信息进行归类讨论，梳理关键问题，深度探讨改进的方案，进一步修正"新常规"，强化可行性。 　　第五次（12月12日）：研修团队集体备课，确定某节课内容后，将"新常规"的执行纳入到教学设计中。抽签决定展示课的教师，向其他学科或年级组展示"新常规"应用的展示课。
预期成效	

　　事实上，当有了相应的规划后，研修团队同样需要对其进行商讨论证。比如"规划"中，对研修项目的主题表述是否明确，活动过程设计是否可行，每次节点活动的研修工具如何设计，活动支架如何架构等，都可以成为论证的内容，发现不太合适时，可作适当调整。

建议 19：利用"导研"技术提高教师研修参与度

所谓"导研",简言之,即引导研究,具体指在教研活动中,组织者为使参与者主动参与研讨活动而有意采用一些引导性的语言或材料,带动参与者积极参与研讨的方式。"导研"的提出,是针对时下较多缺少必要的引导而造成活动目标不明、教师参与被动、研讨效果低下的教研活动而言的,旨在提高教师参与研讨活动的主动性,提升教学研讨活动的质量。"导研"的基本功能是导向目标,导出实效。从教研活动的组成来看,"导研"其实是一种提高教研活动实效的必不可少的教研技术,是教研活动的重要组成部分。一次有效的教学研讨活动,必定有组织者适时适度的"导"贯穿于教研活动的始终。那么,在实践中,要做到有效的"导",需要在哪些层面做扎实呢?现结合一些实例具体加以说明。

一、"导"在研前：精心设计"研"之工具

我们知道,组织一次教研活动,需要组织者在研讨前作充分准备,如确定活动主题,明确活动目标,聚焦关键问题等。研讨主题和研讨目标是教研活动的基本要素。一次连主题或目标都不明确的教研活动,要想产生出色的研讨效果,显然不太可能。有效教研的前提,是每位参与者都能够在研前比较清楚地把握研讨主题和研讨目标。因此,为了更好地提升教研活动的质量,充分组织好研讨材料,精心设计导研工具,是教研活动组织者必须去思考与落实的问题。"导研稿"的设计与使用,便是较好达成这一目标的常用方法。

"导研稿"是指基于导研目标和导研内容而设计的，为达成有效导研而编制的文本材料，一般由研修主题、研修目标、研修问题等三个主要部分组成。其目的在于帮助每位参与者在参与活动之前，能够对活动主题、活动目标进行整体了解和把握，为深入参与研讨活动奠定基础。

例如某校在一次"五年内新教师培训活动"中设计的"导研稿"，开始部分明确了活动主题和目标。

活动主题：怎样说好一节课——五年内新教师说课专题培训。
活动目标：
1. 使参与培训的五年内新教师对说课的流程和基本要求有初步的了解和掌握，基本掌握说课的方法。
2. 通过互动交流，提高参与培训教师的说课能力。

从这份"导研稿"中，我们可以看出，本次活动主题是什么，需要达成怎样的研讨目标。这样的设计，便于参与活动的教师在第一时间把握活动主题，清楚活动目标。

当然，我们还可在"导研稿"中提供一些相关内容的学习材料，帮助参与者更多地了解相关主题研究，从而实现突破。

二、"导"在研中：切实抓住"研"之关键

"导研"过程的真正落实与效果的产生，最终实现在整个研讨过程中。因此，研讨过程中的"导"是抓好"导研"的关键。以下结合一次"课题中期交流研讨活动"来谈研讨交流过程中采用"引、点、评、拎"四种方式实施"导研"的具体操作过程。

（一）"引"在重点处，突出问题设计的指向性

如前所述，一次有组织的教研活动，一般有明确的主题、清晰的目标。而主题的明晰及目标的达成离不开研讨重点的设计。"引"在重点处，即是说在教研活动的开展过程中，要引导参与者对活动的重点进行了解和把握，

明确活动的关键要求。"导研稿"的一个重要部分即是导研问题的设计。于是，我们把研讨交流的重点通过导研问题呈现出来，让参与的老师在对问题的思考与解答中，把握活动的主题、目标和重点。

我们来看"课题中期成果交流活动"的导研稿中的问题设计。因为这次活动要交流三个课题的中期成果，而三个课题各具特点，于是结合每个课题分别设计了相关的导研问题。如针对课题"以核心问题为引领提高数学课堂教学效率的研究"的导研问题：（1）听了课题组的介绍，你认为课题组对数学课堂核心问题的界定是否恰当？（2）在研究过程中，课题组对教学核心问题的提出与实施教学过程的关系是否厘清了？（3）你觉得课题组选择的研究方式合适吗？为什么？

三个问题引向三个角度，指向很明确，重点相当突出，目的在于引导老师们聚焦本次活动的重点研讨问题——"核心概念思辨"及"研究策略提炼"。

（二）"点"在模糊处，加强互动交流的针对性

互动交流是参与式教研或培训中常用的方式。然而较多的活动中，因为参与者在活动前对活动目标和要求了解不多，活动中虽然有介绍，但终究因为是在短时间内接触了别人的话题，难免会出现游离于主题以外的观点。这就需要主持人或相关专业人员在互动交流时，对研讨的内容和参与者的发言作适时、适度的点拨，加强互动交流过程的针对性。在实际的研讨活动中，"点"具体表现为：

1. 阐述模糊处的"点"

事实上，在活动中，有时活动前准备好的材料，交流时的表达也不一定是清晰的。如在课题组介绍"以核心问题为引领提高数学课堂教学效率的研究"这一课题中期报告时，对核心问题的表征从一开始就不太清楚。于是组织者在听取介绍时，便把这个问题点出来，组织大家讨论、思辨，最终有好几位老师提出了比较好的建议，这为课题组的后续研究提供了很大的帮助。

2. 交流游离时的"点"

如在针对课题"以小课题研究活动为载体的小学德育实效性研究"中期

报告讨论交流时,有老师谈到了现阶段课堂上的一些学科教学现象,有脱离本课题研讨主题的苗头。于是组织者点拨:建议老师们考虑从整体德育建设来分析思辨此课题的核心价值。最终,把游离于讨论主题之外的交流给拉了回来。

(三)"评"在生动处,体现亮点评价的激励性

在研讨活动中,除了适时、适度的"点拨"之外,适时的评析也是很重要的一环。它能提高老师们更为深入地参与讨论交流的积极性。当然,评点可以在交流互动中进行,也可以进行阶段性评价或总评。

评点同样包括两个层面:一是中期报告中比较出色的部分,这是引导全体参与者重点关注和学习的部分,需要组织者进行适时的评价,给课题组以肯定和鼓励,也是课题组后续研究所要保持的部分。如"以核心问题为引领提高数学课堂教学效率的研究"这个课题,课题组撰写的中期报告,条理清楚,内容详实,策略提炼也比较清晰,组织者给予了充分肯定。二是交流过程中参与交流的老师发表的对于研究者有启发和值得研究者借鉴的观点或做法,通过组织者的适时评介,同样可以成为课题组后续研究的重要思考点。如在"基于有效教学理念下的问诊式课堂实践研究"这个课题的讨论交流中,有老师提出对课堂提问的问诊可分为三个层次,即基本问题、核心问题、细节问题,以此进行观察分析,组织者给予充分肯定,课题组也表示认同。

当然,"评"也不仅仅是组织者们的事情,它同样可以作为每位参与者的任务。多校或多组活动时,我们在设计的导研问题中,体现了参与者参与评价的意图。如"结合课题研究的阐述,你觉得课题组对核心概念的认识(界定)是否清晰?""在研究过程中,课题组对教学核心问题的提出与实施教学过程的关系是否厘清了?"此类问题,本身便有评价与建议的功能。而这样的"互评",同样是一种相互激励、相互学习的有效策略。

(四)"拎"在提升处,提升活动总结的价值性

这是活动提炼的环节,一般可以分成两个层次:一是回顾整个活动过

程，理一理活动中各个环节所讨论的重点问题及达成的效果；二是把有价值的观点或建议加以梳理，再次确认，强化认识。实践中，可以采用两种方式进行，以提升活动总结的价值。

1. 参与者自我回顾、梳理活动过程

这是活动参与者主体意识的重要体现。组织参与者对整个活动过程作适时的回顾与整理，能使其更好地内化活动中产生的新观点，消化有价值的意见或建议。当然，让参与者自我回顾、梳理活动过程，并不是简单地让其谈谈体会，而是仍然需要围绕活动主题和目标进行。因此，这样的回顾与梳理同样需要组织者进行设计。

在"课题中期交流活动"的最后可以设计这样一个问题：通过今天的交流分享活动，你觉得在课题研究过程中，关键需要思考哪些问题？这个问题的答案，不一定是全新的，参与者可以是对前面讨论中某些观点的总结，也可以是照搬。实践中，参与的老师们也确实从不同的角度进行了梳理。如有位老师总结了两点：（1）课题研究的阶段性目标，需要根据核心目标而定，分级目标的确定会影响课题研究的进程；（2）每一个研究阶段结束后，需要梳理相关的问题，从问题中进一步梳理下一阶段的研究方向。有位老师则作了这样的思辨：核心研究要素的提炼，需要研究从整体到局部，对目标达成的"途径"如何进行分析？

2. 组织者进行活动总结的高位提炼

这是必须的。因为从活动设计来看，组织者既是活动设计者，又是活动全面参与者。相对而言，老师们的总结一般还是比较表面的、具体化的，有的甚至只局限于某个点，缺少整体总结。而组织者对整个活动有全面深入的理解，总结一般会比较高位、整体。当然，这样的总结一般需根据所留时间而定。类似于课题中期检查交流活动最后环节的提炼，也可采用一个20分钟左右的微型报告的形式，围绕课题研究过程进行总结，可通过"解构课题研究的核心内容、制定课题研究的具体规划、落实课题研究的实践活动、整理课题研究的阶段成果、积累课题研究的原始资料"等五个方面的阐述，对活动进行高位提炼。这五个方面的工作也正是一般课题研究所需要去做好的，是课题研究扎实、有效的保障。

三、"导"在研后：及时延伸"研"之影响

这是一个活动效果的后续跟进问题。因为研讨活动只是一个时间点上的讨论，通过研讨得出的一些经验或结论如何在后续的研究活动中进行验证，还需要在实际的研究活动中加以体现。因此，研后教学活动中对研讨结论的应用或者检验，同样需要活动组织者给予适时的关注与引导。如课题论证活动后续的"导"，可以设计成延伸任务：提交修改后的研修方案或者中期研究报告，据此了解中期论证活动中所形成的结论的应用状况。而如一些实际教学问题研讨活动的后续的"导"，同样可以设计相应的任务：尝试在类似内容教学中围绕研修活动中形成的策略方法进行实践，并将实践体会形成文字，交于教务处备案，研修组织者可据此作后续的跟踪观察，以了解研讨结论的应用状况，从而真正产生效果。

最后想说的是，"导研"的价值在于让日常教学中的研讨活动能够更好地聚焦研究点，有效解决教育教学问题。因此，我们的导研过程，只要是有利于研修活动深入进行的，在参与者碰到困难时能够提供帮助的，这样的导研便是有效的"导研"。而拥有了高质量导研过程的教学研讨活动，也必定是有质量的。

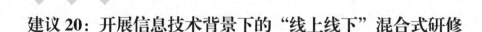

建议20：开展信息技术背景下的"线上线下"混合式研修

现代信息技术的发展已经改变了我们传统的生活观，也为工作生活提供了许多创新的空间。校本研修也不例外。在这个技术飞速发展的时代，传统的基于问题的现场研讨方式，已经不是教师研修的唯一方式。借助网络的线上研修、线上线下混合式研修已经为校本研修提供了更广阔的研修平台。

一、网络为研修活动提供了更多的可能

信息时代，技术的运用也是校本研修设计者们无法回避的问题。用好信息技术，提升研修质量，是学校教学管理所应思考的问题。事实上，借助网络开展校本研修具有以下几个方面的优势。

（一）打破时空限制

可以打破时空局限是借助网络进行研修活动的最大优势。就拿2021年在上海举行的"国际数学教育大会"来说，由于疫情关系，本次大会的组织者邀请的国际数学教育专家们无法到现场来参与大会研讨。于是，组织者请外国专家通过网络视频的方式进行主题演讲，效果也不比来到现场演说差多少。另外，因场地关系和人数控制的要求，本次大会还特意发布了网络参会的门票，可以让更多的参会者不必到会议现场，也能通过网络视频来观看现场展示的活动。这种方式打破了空间的限制，为更多想来现场参与研讨却受条件限制无法到现场参与学习的老师提供了交流学习的机会。

（二）创新研修方式

传统的校本研修，由于时空限制，一是参与人数会受限；二是研修方式相对单一，一般以"讲"与"听"为主，特别是人数超过一定数量的研修活动，更是无法采用深度卷入的方式组织研修者进入研修状态。有了网络支持的研修活动，除了线下的研修之外，还可以采用线上研修的方式，完全可以打破场域的限制，可以让更多的研修者深度参与到研修过程中来。同时，还可以设计线上线下混合的研修方式，既能让现场的研修者深度参与到研修活动中，还能引导场外的参与者通过网络参与到研修活动中来。

（三）留下过程痕迹

与传统的线下为主的研修活动相比，现代信息技术支持下的网络研修，更易留下研修过程中所产生的研讨痕迹。比如采用钉钉直播的方式进行的网上讲课，如果需要便可以设置成回放模式，即当主讲人的课程一讲完，便可生成讲授的视频。像这样的视频直播软件，已经有很多，比如CCtalk同样具有这个功能，而且保存的时间会更长。当然，若组织一些群体参与的线上线下混合式研修活动，很多时候不是"一人讲，大家听"的方式，而是有群体互动，多人发言交流的，有时候是需要每个人展示自己的所思所想所感的，这样不仅仅是视频信息可留，文字信息同样也能留下来。正因为如此，才有可能让每位参与者都能以研修主体的身份加入到研修活动中来，发表自己的观点，提出自己的看法，展示自己的收获。

二、借助网络的线上线下混合式校本研修的设计

从现阶段的学校实际出发，线下研修活动仍然是主要的校本研修方式，但也有越来越多的学校在校本研修中采用线上线下混合式的研修活动。因此，这里便重点来谈谈线上线下混合式校本研修的设计要点。

（一）线上线下混合式研修设计的基本原则

思考设计原则，其核心要义在于，我们不能为创新而创新，应该是根据

研修内容的特点和目标要求，选取适合的研修方式，即适合于线上研修的或者采用线上研修的方式更能够达到研修目标的内容，尽量采用线上研修的方式。比如一些侧重于理论学习的研修活动，便可以通过线上发布话题，教师们自主学习后，将学习体会等材料上传至线上作展示交流；再如一些视频类资料的学习活动，同样也可以通过线上发布后，直接由教师自主学习，然后将学习感受呈现在线上，便于研修者之间进行交流。

反之，适合于线下研修或者采用线下研修更能够实现研修目的的内容，尽量采用线下研修的方式。这也是线上线下混合式研修活动设计的基本原则。比如一些需要研修者有实践体验的活动内容，如执教研讨课，不仅执教者有线下的行动，其他参与者也需要到研修现场进行观察、收集资料，并形成直观感受，进行交流。

由上分析可得，适宜性是线上线下混合式研修设计所遵循的一般原则。

（二）线上线下混合式研修的三种形式

关于线上线下混合式研修，有教师在实践探索后归结为"问题驱动式""探究实践式""理论学习式"和"经验总结式"等四种不同的模式。[①]我们还可以根据线上线下活动的先后顺序，解构为以下三种形式。

形式一："线下—线上"式，让研修能延伸

从单次活动来看，传统的校本研修更多采用的是线下集中研讨的方式来组织的。一般来说，基于现场的活动结束，整个研修活动也基本上结束了。虽然研修活动的策划者偶尔会有一些后续跟进的要求，但因为不再集中，也就给许多参与活动的教师提供不再思考、不再深入的借口了。事实上，这些现象在现实中大量存在。

"线下—线上"式研修，则是在传统研修活动的基础上，增加一个延伸研修的环节，意图正是想去弥补单次线下研修活动的不足。也就是在线下研修活动结束后，可以将线下活动资料上传至网络，由研修参与者结合进一步研修的要求，开展线上研究探讨活动，从而让更多参与研修活动的教师加入

[①] 朱利俪.线上线下混合联动式校本教研策略[J].新教师，2021（7）：10–11.

进来，分享自己的观点。又因为线上研修拓展了研修的"时空"，参与研修的教师可以是即时分享，也可以是延时分享，还可以通过留言的方式错时分享，等等。

因为"线下—线上"式研修是先组织线下群体集中研讨，然后再借助网络平台组织线上个体活动应用，所以一般比较适用于"先有实践观察，再有深入探讨"的研修活动。比如在一些较为大型的教研观摩课后，由于现场探讨时间不够，便可以采用"线下—线上"的研修方式，将观摩之后的感想、体会与建议，通过网络的方式进行分享与展开，组织者可以结合线上参与研修者的观点、建议等资源，再作深度分析与总结，最终形成本次活动的基本成果或结论。

形式二："线上—线下"式，让研修有聚焦

从线上的个体学习体会到线下群体互动，是有了网络这一技术支持之后校本研修活动形式的创新。事实上，现阶段许多校本研修活动已经在实践这种"先线上交流研讨，再回到现场组织线下活动"的方式了。如前文谈到的一位教师探索形成的"问题驱动式""探究实践式""理论学习式"和"经验总结式"等四种线上线下混合研修方式，基本都是由线上开始的。

当然，以"线上—线下"式组织的校本研修，也是需要结合相关的研修主题与研修内容的特点的。相对而言，线上的研修活动更具开放性，很多时候关于某个问题的探讨容易扩展、发散，却不太有利于聚焦。因此一般来说，在集中研修之前，研修参与者对相关研修的主题有自己的个性化理解或成果展现的研修活动，先设计"线上"研修活动比较适宜。

比如一些围绕课题研究的研修活动，先设计"线上"研修活动。研修者可将相关课题的研究主题、方案以及本次活动需要着重研讨的重点（包括问题、策略以及过程分析等）置于研修群，由参与者在线下集中之前作一些思考、讨论，甚至对接下来的实践研讨进行先期研讨。作为活动策划者与组织者的主持人也便可以在线下集中研修前对这些交流的资源进行梳理、归类，为线下研修时设计"更加有针对性的研修活动"提供基础。这样的过程，无疑为提高线下研修的质量创造了条件。这也是传统的仅仅注重线下的校本研修无可比拟的。

形式三:"线上线下同步"式,让研修显效能

由于现阶段许多学校的校本研修活动总是采用系列化推进的方式,即围绕一个主题会组织多次校本研修活动。这就使采用"线上"研修与"线下"研修交替进行,甚至同步进行的机会更多,也会更加便捷。

"线上线下同步"式校本研修,还比较适用于多校区的集团式学校组织联合研修活动,既可以节省线下活动老师们来往于校际间路上的时间,同时也能够借助网络常态化组织学科组、年级组、课题组的研修活动,让老师们能够经常性地借团队的力量来解决教育教学中出现的问题,借群体的智慧和所营造的研修氛围促进自身的专业发展。

以下是一所学校在组织教师围绕"研题导学"进行研修的系列化活动。①

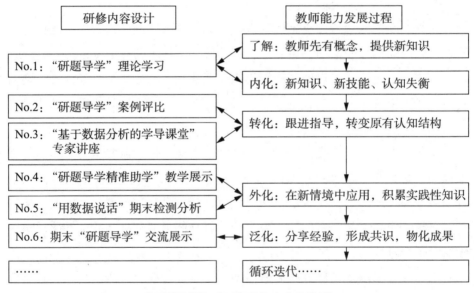

"研题导学"系列化研修内容结构图

该校正好是一所拥有多校区的集团化学校。以上活动,是对每个校区数学教师们的研修要求。在组织研修活动的过程中,线上线下交互进行、同步实施的方式是一种常态。参与研修的教师也已经习惯这样的研修方式,能够

---

① 王宏伟.主题"系列化"的校本研修设计与实践——以"研题导学"系列活动为例[J].浙江教育科学,2021(5):53-55.

较好地达到预期的研修目标。

三、借助网络设计线上线下校本研修活动的注意点

我们说，形式是基于内容的。线上线下混合式校本研修在时代发展中有着极为重要的意义。但并不是说所有的活动我们都需要以这种形式来组织研修。采用线上线下混合式校本研修也需要注意以下三点：

（一）适合的才是最好的

校本研修的本意是基于学校教师的教育教学实践状况而组织进行的研修活动。一则做一些通识内容的学习，比如课程改革的核心思想的学习与理解等；二来也是组织教师通过团队的方式解决教育教学实践中产生的问题。事实上，学习目的不同，采用的学习方式也不尽相同。适合的研修方式才是最能够给教师带来帮助的。比如解决实践问题，更多需要通过线下研修活动，结合实践过程，有尝试、有体验地去解决。相应的理论学习，则可以通过线上研修，留给研修参与者更多的思考时间，呈现较高质量的建议、想法以及学习体会等。

（二）真实的才是有意义的

这里的真实更多是指教师在参与研修过程中，表达自己的观点或者能够表达自己理解的他人的观点。因为有线上研修，参与研修的教师事实上是离开组织策划者的视线范围的。这就给一些应付式参与者提供了机会。他们在完成研修任务时，可以通过网络抄袭他人的观点或材料，作为作业交给组织者。这就有违研修活动策划的初衷了。其实无论是线上研修，还是线下研修，我们都应该将真实的问题、想法、观点呈现出来，与同伴交流，作为活动主体认真投入地参与活动，这样才能保障研修活动的质量。

（三）结构化也是最难的

线上线下混合研修，解决了一个现场研修参与者无法全部呈现观点或暴

露想法的问题。因为当线下研修受时空限制而没有表达或者分享观点的教师，可以通过线上研修的过程，呈现自己的想法或观点（可以是视频的，也可以是文字的）。事实上，线上研修也保证了研修资源的丰富性。但反过来看，因为材料较以前线下研修丰富了许多，所以更需要研修活动的组织者或策划者，从众多的材料中梳理出具有代表性的观点或想法，以供全体参与研修的教师进一步学习与体会，有时甚至需要形成某次活动的一些成果或结论。只是对于组织者而言，这个结构化的过程是重要的，但也是最有难度的。

建议 21：应重视教师参与研修后的行动跟进

如果就"参与研修后，你在教学实践中跟进吗"这个问题作一次调查，估计得出的数据不会太乐观。事实上，现如今培训研修活动的最大问题不是培训活动的机会少，而是对教师参训后的行为跟进管理不够。

造成许多参训教师处于一种"听听激动，回来仍然一动不动"的原因是多方面的。一则与现阶段培训研修活动过多，教师作为参训者也在疲于应付，真正想参与的活动较少；二来许多的培训研修活动缺少针对性，主办方多凭经验确定主题进行研修培训，真正能够触动教师的活动不多；三是学校管理者对研修与问题解决的关系缺少足够的重视，这是最根本的因素。这当然也与许多学校的教学管理者所承担的工作较多有关，他们很难分出多余的精力去设计研修参训后教师行动跟进管理的机制，同时也缺少做好参训后行动跟进管理的办法。

事实上，对于学校的教学管理者来说，教师参与校外研修后的行动跟进管理在实践中存在着诸多困难，但对于在校内组织的研修（校本研修）后的跟进管理，还是有方法可循的，而且也更值得去研究与落实。

一、教师参与研修后的行动跟进是校本研修活动设计的重要组成部分

对于教学管理者来说，校本研修是发展教师专业素养、切实解决教育教学问题的重要途径。那么，发展教师专业素养与解决教育教学实际问题，仅仅依赖于某次（或某几次）集中起来的校本研修就能够解决吗？答案显然是

否定的。一两次的校本研修活动只能是就某个教学实践问题或某类教学技术，通过集中的、头脑风暴式的，借助相互触动形成一定的技术要领，或观念认同的节点式刺激，对于问题是否能真正解决与理念是否落实于实践，则需要表现在日常的教育教学工作之中，而这才是研修的最终目的。

理由是：理念的内化需要有多层次的实践给予支撑。理念更新极为重要，但理念要体现出价值，则需要行为的跟进。"行为跟进意味着对经验反思继而采取行动……意味着教师通过行动进行经验的重建。"[①] 研究又表明，从理念到行动，还是有一定的距离的，有时需要多次的行为体验，才能更准确地体现理念的内涵，实现新的理念的价值。而事实上，技术的掌握需要有多次的行为体验，最终才能成为自身的经验。

二、教师参与校本研修后的行动跟进的方式

要想使研修活动取得更好的效果，对参加研修的教师研修后行为跟进的管理是重中之重。只是对于学校教学管理者来说，重视学校教师参与校本研修后的行动跟进，不能简单地进行统一规定，而是需要结合不同的学习目标，提出不同的行动跟进要求。

层次一："搬"

所谓"搬"，即请参与研修的教师将在研修中看到的、听到的经验或做法搬回自己的课堂，在自己的实践中加以直接应用。这个过程中，可以是不加改造的原生态照搬。

"搬"的方式，从对象来说，一般适用于新手教师；从内容来说，一般适合于热点或难点问题的研讨后。作为新手教师，在教育教学经验上还是一张白纸，许多基本的教育教学方法对于他们来说，都可能是全新的。于是，他们在研修学习后，便可直接将在研修中看到的、听到的有效的教育教学组

[①] 王洁，顾泠沅.行动教育——教师在职学习的范式革新[M].上海：华东师范大学出版社，2007：71-73.

织方式"搬"用于自身的教育教学实践之中。

比如某校围绕青年教师设计的"一课四研：助推新手教师'上好每一堂课'"的校本研修活动，其"回归研"阶段，便是引导新教师将在研修中获得的方法与经验，直接应用于教育教学实践中，这很好地体现了"搬"的水平。"这里的回归更多是指通过前面三个步骤的研究之后，对形成的共识如何真正地用于实践，体现的是共同研究基础上的成果再运用与检验，从而形成自己成长记录册、反思集等显性成果以及内化的能力。"[1]

而关于热点与难点问题的研修，学校里的每一位教师都可以直接将研修所达成了共识的方法与经验用于教育教学实践之中。

层次二："仿"

所谓"仿"，相比于"搬"而言，进了一层。很多时候，这也是参与研修的教师行为跟进的基本方式，即参照看到的、听到的经验或方法进行模仿式展示，以检测对研修中学到的内容是否理解。

"仿"的方式，指向于教育教学实践方法的迁移，即在某个内容的研究与探讨中，习得了一些解决问题的技能，于实践中用于解决同类内容教育教学中产生的问题。比如在区域推动的"学导型课堂"教学改革实践中，许多学校就"学导型课堂"的两种基本模式"核心问题引领下的课堂导学"与"基于预学分享的课堂展评式学习"，借校本研修的平台进行了深度的主题研修。研修中，一般结合某个课例进行研讨，然后总结提炼出一般的操作方法或流程。各学科教师在习得基本流程和操作方法后，在各自的课堂上进行模仿式应用，以体验"学导型课堂"的基本操作模式。

这样的研修结果的跟进式应用，也正是教学改革整体推进的基本方式，有助于形成学校层面的教改特色。比如某校建构的"基于'学习单'运用的'生生互动'课堂学习样态"的研究，时常会结合某节典型课例的研修，探索"学习单"的基本要素和相应的观测量表。当探索形成了相对成熟的"学习单"设计策略之后，教师在后续的课堂实践中便可模仿设计与实践

---

[1] 朱晨薇. 一课四研：助推新手教师"上好每一堂课"[J]. 浙江教育科学，2021（5）：56-58.

应用了。[1]

此方式也适用于教师群体研修特色探索，故而成为教研组、年级组、学科组团队特色教研的基本研修后行动跟进的方式。

层次三："展"

所谓"展"，即参与研修的教师将在研修中学到的经验或方法，甚至理论，纳入到自身的认知系统中，以自我认识的状态反刍。这是教师素养发生质变的开始，也是研修效果真正得到体现的重要方式。"展"是参与研修后对教师后续行为跟进的较高要求，也可以说是研修成果呈现的一种方式，从"展"的本意来说，还属于研修后直接影响的范畴，有检验研修效果的意图。因此，很多时候会成为系列化研修过程中的某个节点。

实践中，因为时间和工作量的关系，关于研修后行动跟进的"展"，可以有两种不同的组织方式：一是任意选取（随机）某位教师将研修后的行动跟进实践样例展示出来，以考量研修的成效；二是可以通过研修团队的自主推荐，将最有代表性（典型性）的研修后的行动跟进实践样例展示出来，以考量研修的效果。

两种不同的"展"也体现着不同的研修成效的检视目的性。第一种"展"，更多从普适性的角度来看研修成果的适切性问题。一般采用对多个体的实践样态进行观察，以收集更为全面的实证性材料，分析研修成效。第二种"展"，因为在选取对象时，已经具有了典型性特质，更利于分析与提炼典型特征，有利于进一步提炼与归纳。比如可针对不同教龄的教师研修后行动跟进的实践进行观察，也可对不同能力水平的教师代表研修后行动跟进的实践进行观察。

层次四："用"

所谓"用"，即是指学校管理者引导教师将学到的理念、获得的经验或

---

[1] 姚雪琴.质量视角：课堂教学管理机制的建构与实践[J].教学月刊（小学版），2021（4）：22-24.

方法，应用于日常教育教学工作中，成为教师自身素养的一部分。"用"对于培训而言，才是真正的目的。因此，参与研修后的上升到"用"的行动跟进样态，已经不再体现为即时性，而应该体现为常态化，即不管什么时候来观察参与研修后的教师的行为，都能感受到研修后相关主题成果在其教育教学实践中有所体现。

比如前文谈到的某所学校在"学导课堂教学新常规"主题校本研修后，达到的最佳研修效果即为，相关学科的教师在相应学科的教学中，其课堂上能够体现出"学导课堂教学新常规"落实到位的情景。比如就"新知给尝试"这一条，只要在课堂上有新知学习的机会，教师便会给学生提供尝试的机会，然后借助生成的资源组织学生讨论交流，从而理解新知，掌握新技能；再如"练习有层次"，同样在巩固练习阶段，会有两至三个层次的练习，以引导学生能力水平从"水平一"上升到"水平三"。唯有如此，才能显现出"学导课堂教学新常规"主题研修的实效性。

三、教师参与研修后的行动跟进的管理方式

从学校教学管理维度来说，教师参与研修后的行动跟进需要管理，并形成一定的管理机制。

（一）建立机制

机制的建设是保障行动的基础。教师参与研修后的行动跟进管理机制一般包括三个维度的内容：内省、实践、反思。内省机制，即是要求参与研修的教师在研修后形成一定的感悟性材料，表现在实践中就是学习体会与尝试性设计；实践机制，即是要求参与研修的教师在研修后有即时跟进的行动，表现在实践中就是有课堂实践等行为体验；反思机制，即是要求教师在行动跟进后对再次实践进行的深度思考与问题再思。

（二）促进自觉

因为校本研修后教师行动跟进是一种群体行为，涉及面相当广，工作量

也相当大。因此，这一任务的完成不能经常依靠管理者的监督与指导，而需要广大教师形成自觉的意识。研修后行动跟进的机制，也只是强调了这种行动跟进的基本要求，其效果的体现更多还是需要教师自觉完成的。唯有如此，研修后的行动跟进才有可能体现出其实践意义。

（三）跟进再研

校本研修是一种群体行为，其功能更多着眼于共性问题。通过校本研修形成的成果或达成的共识，具有一定的普适性。当其为某位教师用于自身的实践时，因为学习对象的不同，学习环境的不同，以及学习内容的不同，都有可能产生新的问题。此时，便需要广大教师针对新生成的问题进行再研究，再探索，以期解决新问题，生成新策略，形成新成果。而这也是校本研修结论再生长的过程。

"校本研修"示例

依托导研工具,提升教研质量 *
——一次以"导研稿"为载体的学科研修活动策划及实践思考

完整的研修活动,通常可以分为四个阶段:准备阶段、设计阶段、实施阶段、延伸阶段。有效的导研,则需要围绕教研活动的四个环节作出相应的引导。下面以基于"数学基本活动经验"的"导研式"学科教研活动为例,谈谈如何通过"导研稿"的"导"来更好地实现教研活动各个环节的研修目标。

一、活动准备阶段,于"导"中熟悉核心内容

教研活动是需要准备的。我们在组织开展"基于'数学基本活动经验'的学科教研活动"前,精心作了准备,组织全体参与研讨活动的教师进行理论学习。理论学习环节设计了一份"导研稿":

1. 研修主题:基于"数学基本活动经验"的解读与课堂实施。
2. 学习材料:
(1)数学基本活动经验及其教学策略研究　　　胡安波　2010年6月
(2)关注数学基本活动经验　　　　　　　　　张天孝　2009年3月
(3)数学基本活动经验的特征分析　　　李长会　吴立宝　2009年8月
(4)"四基"十年数学课程改革最重要的收获　　孙晓天　2011年7月
3. 请老师们在学习的基础上思考下面三个问题:
(1)通过理论学习,你对"数学基本活动经验"有了哪些认识?它与其他"三基"有着怎样的关系?
(2)你认为"数学基本活动经验"除了动手操作等显性的活动经验以

---

* 此文获浙江省教研案例评比一等奖,选用时有删改。原文由浙江省嘉兴市南湖区教育研究培训中心胡慧良和本书作者合作整理。

外,还包括哪些方面?请举例说明。

(3)根据你对"数学基本活动经验"的理解,请选择一个教学内容,谈谈在这一内容中学生的基本活动经验具体体现在哪些方面,教学中设计怎样的活动来落实基本活动经验层面的目标。

我们知道,由于新课程的改革,小学数学在教材内容的编排上,与过去的"老教材"相比有较大的变化,尤其是新增了许多老教师从未见过或没有学过的内容。新课改背景下教师学科知识的缺失已是客观现实,教师在课堂教学中经常会暴露出学科知识匮乏的问题。而以上学习准备,能够让更多的教师了解研讨的主题,在研修前对相应的主题有一个比较深入的理解,为后续研讨打下基础。

有了以上的"导研稿",许多老师在学习相关资料后,在概念及特征层面上,对"基本数学活动经验"有了这样的体会:

有老师是这样说的:新课标把数学基本活动经验作为一个基本的目标单独列出来,重点是要关注学生个体的主动建构的过程,关注学生个体的内在体验,强调学生自己建构知识和技能,与新课标的另外"三基"是相辅相成并相互转化的。

有老师阅读资料后认识到:数学基本活动经验可以理解为学生在经历了具体的数学活动之后所形成的、具有个性特征的内容,既可以是感觉知觉的内容,也可以是经过反省之后形成的经验。

有老师则知道了数学活动经验大致可以从两种不同的角度进行分类:依据所从事的数学活动形式,将数学基本活动经验分为直接数学活动经验、间接数学活动经验、专门设计的数学活动经验以及意境联结性数学活动经验;依据学科内容不同又可分为:几何操作经验,基本的数学思维活动经验,发现问题、提出数学问题、分析解决问题的经验以及思考的经验等若干方面。

二、实践设计阶段,于"导"中关注引导策略

我们发现,在一般的研修活动中,因为缺少必要的教研设计,参与者在

参与活动过程中任务不明，观察视角不清。为了更好地引导每一位教师能够深入体验到"数学活动经验"在课堂教学中的体现，我们在教学设计环节，组织全体教师共同设计这节课。设计前，我们同样提供了相应的"导研稿"：

各位老师，在设计《三位数乘两位数计算教学》时，请关注以下几个问题：

问题一：这是一节三位数乘两位数的计算教学课，对于计算教学，我们可以从哪些方面去关注学生的基本数学活动经验？

问题二：学生在学习三位数乘两位数的新知时，为了达到迁移学习，教师该如何创设情境让学生从中沟通乘法算理？并举例说明创设怎样的情境及如何使用。

问题三：验算是学生原有的经验，在这节课中验算环节安排在哪里比较合适？体现了哪些基本活动经验？

在设计阶段的"导研稿"中，我们注意了让教师们运用学到的理论知识和自身的实践经验来分析、思考、解释、建议。设计导研问题时，注重激发教师参与的积极性，唤起教师对教学内容的认识及理解经验。

通过这个阶段的研讨，最后参与研讨的教师们达成了这样的共识：

（1）计算教学要让学生经历数学经验的形成过程。教师们认为计算教学表面上看是以技能培养为主的课，但它同样可以让学生经历数学经验的形成过程，以生活经验支撑算理，为后续学习积累相关经验。

（2）计算教学需要合理的生活情境。教师们通过对这节内容的教学方案的设计过程的研讨，认为计算教学内容如果有一定的为学生所熟悉理解的生活情境来作支撑的话，会有利于学生理解算理，为其学习新知提供桥梁。

（3）因为本节内容有"验算"要求，所以老师对验算的探讨也比较深入。关于验算教学的时机，老师们一开始有不同的想法，有老师认为应该作为一个新知进行新授，也有老师认为验算只不过是一种已有的经验，可以放在练习中。而通过讨论，最后老师初步形成了一致的想法，认为验算是学生的自觉行为，应该在需要的时候才出现。因此，老师在设计时需要有"激发孩子需要验算"的环节。

有了这样的认识作为基础，老师们在对《三位数乘两位数计算教学》的设计中突出了三个关键环节：环节一：生活情境引入，唤起经验；环节二：探讨算法算理，强化理解；环节三：结合练习情况，引入验算。

三个环节的设计，均突出了学生原有经验的应用，同时也关注了如何用好学生原有数学活动经验的方法层面的设计。显然，这与前期理论学习以及教师们的共同探讨有着密切的关系。

三、活动实施阶段，于"导"中明晰实践效果

为了引导参与活动的教师在观察课堂教学时，能够客观地分析教学设计及执教教师的教学执行状况，在活动实施阶段，我们同样设计了"导研稿"：

各位老师，在听《三位数乘两位数计算教学》的过程中，请关注以下几个问题：

问题一：结合课例谈谈在这节课中教师有没有利用好学生已有的数学活动经验。你觉得这样做对于数学基本经验的积累有什么好处？

问题二：在整节课中，教师在哪些环节丰富了学生原有的数学基本经验？你觉得哪些是有效的，哪些还需改进？

问题三：请你谈谈本节课哪些数学基本活动经验的积累是为后续学习服务的。它为学生后续的学习提供了哪些经验？

参与研讨的老师在课后的分析交流中，有了以下关注：

有老师谈了这样的感觉：这节课中，执教老师结合情境复习了两位数乘两位数的计算。计算的算理和计算方法就是学生已有的经验。这些经验对于学生来说是个性化的，有的很清晰，也有的比较模糊。教师组织学生进行讨论，就是使学生已有的经验经历一个概念化与形式化的过程，学生的经验也随之得到提炼和丰富，从而促使学生利用这些经验去学习新的知识与技能。

也有老师谈到了一些建议：教师在复习两位数乘两位数的算理和计算方法中，组织学生进行交流；在让学生尝试计算三位数乘两位数的计算后，对算理的分析和计算方法的讲解中，组织学生开展的探究活动都丰富了学生原有的数学经验。这些数学活动的开展是有效的。但因为学生原有的数学基本

经验都是个性化的，反映在学生不同的计算方法上，教师还得组织相应的数学活动进行经验的提炼，使学生达成共识，进一步利用增加的经验为后续学习服务。

通过本次的现场研讨活动，参与研讨的老师们对"关注学生的数学基本活动经验"有了以下较为深刻的认识：

（1）在这样以计算等一些技能教学为主的课堂教学中，教师在关注生活、操作等显性活动经验的同时，应着重帮助学生在思维层面去获得丰富的隐性活动经验。

（2）在此类以计算技能为主要教学内容的课堂教学中，对数学思维活动经验的获取需要有相对系统化的设计，做到"前后照应"。重点可以从三个方面加以关注：第一，关注可以利用哪些数学基本活动经验；第二，关注可以"提升"或"丰富"哪些数学基本活动经验；第三，关注可以为后续的学习"积累"哪些数学基本活动经验。

四、经验应用阶段，于"导"中落实活动成果

一个完整的研修活动，活动之后必须有行为跟进的体验与历练。在组织基于"数学基本活动经验"的教学研修活动中，当活动进入到了尾声阶段，我们有意识地通过"导研稿"引导教师进行自我梳理、反思与总结：

老师们，在参与了本次研修活动后，请再来思考下面三个问题：

1. "数学基本活动经验"到底是什么？
2. "数学基本活动经验"在不同内容的学习中具体是怎样表现的？
3. 本次对"数学基本活动经验"的研讨活动成果，为你后续教学提供了哪些有效经验？对你以后的教学有何借鉴意义？

以上三个问题，旨在引导教师加深对"数学基本活动经验"这一目标及其重要性的认识。三个问题三个层次：第一问引导老师通过理论学习与实践研究，对"数学基本活动经验"有一个总体的认识；第二、第三问则引导老师从本次所呈现的课例中走出来，结合更为丰富的数学教学内容层面思考数学活动经验的问题，引导老师对自身的教学实践活动进行思考。

活动总结阶段，老师们纷纷发表了自己参与本次活动的体会。

有老师是这样说的：我觉得数学基本活动经验似乎并不是一个全新的东西，事实上它已经在新课程开始后的课堂教学中越来越丰富地存在，只是以前老师们还不太关注。这次活动引发了我们对这一话题的关注，相当有价值。

也有老师这样总结数学基本活动经验：我觉得数学基本活动经验在课堂上更多体现了一个个体性的特征，教师是把这些个体性的经验上升到为群体性的数学学习服务作了引导。当然，这些经验最终仍然会成为丰富学生个体经验的催化剂。

有老师则谈到了数学基本活动经验培养过程中的困难：因为数学基本活动经验有显性与隐性的差异，这为我们日常的教学带来了一定的困难。特别是对一些思维活动层面上的数学学习经验，更是需要我们在充分把握教学内容的基础上，作出恰当引导。

当然，活动经验延伸应用阶段的"导研"还需要突出三个功能：一是组织老师根据"导研稿"中的三个问题进行现场的交流讨论；二是引发教师产生自我提炼本次研修活动中获取经验的欲望，有对今后教学行为跟进的任务驱动；三是有意识地布置后续实践跟进的任务要求。

我们说，评判一次学科教研活动是否有质量，不应仅仅关注活动时的热闹，更要关注参与活动的教师是否把活动中形成的方法策略，或者说经验，用到了自己常态化的教学实践中去。如果有这样的现象出现，那么我们说这次的教学研讨活动是有效的，是成功的。反之，则不能说是一次成功的教学研讨活动。因此，也可以这么说，延伸阶段的"导研"，同样是教研活动的重要组成部分。

第四章

校本科研管理

所谓顶层设计是指以系统思维为基础,对教育教学工作作出整体架构与设计规划,期待能在高层次上寻求解决教育教学实践问题的策略路径。

——"教学管理的行与思"

建议 22：学校教科室主任需明确职能定位与角色担当

教科室，其全称为"教育科学研究室"。作为学校教育科研管理的职能科室，教科室并不是一开始就有的，而是产生于上个世纪 90 年代。在这之前，许多学校的中层职能科室一般有教务处、政教处与总务处三个。人民教育出版社 1990 年 10 月出版的高等学校文科教材《教育社会学》的"学校组织机构"一节中，"勾勒出学校组织的结构简示图"，校长室下辖"总务处、教务处、政教处"三个中层科室。[①] 至 2000 年期间，随着教育科研在学校里出现，课题研究成为教师专业成长的重要载体的价值被一线教育管理者与教师们认同后，许多学校也相继设置了教育科学研究室（简称"教科室"），以统筹管理学校的教育科学研究工作。人民教育出版社 2001 年出版的高等学校文科教材《学校管理学》中，便出现了"教育科学研究室"的中层机构，只是其工作尚归属于学校教导处领导。"校长、教导主任领导下的教学组织机构，包括各科教学研究组（即教研组）、教育科学研究室和年级、班。"[②] 而至 2003 年新一轮课程改革实施以来，学校教科室基本成为了各级各类中小学，甚至是一些规模较大的幼儿园常设的中层科室部门。

一、学校教科室主任的职能定位

在各级各类学校里，教科室一般设置主任一人，有些规模较大的学校也

---

① 鲁洁，吴康宁. 教育社会学 [M]. 北京：人民教育出版社，1990：266-267.
② 萧宗六. 学校管理学（第三版）[M]. 北京：人民教育出版社，2001：93.

会增加一名教科员，以加强教科室的组织管理力量。因为出现了教育科学研究室，并且设置了相关科室人员，也便需要有相应的职能定位。

与教务处更多完成日常事务性工作相比，教科室的工作更多属于"建设性工作"和"发展性工作"[①]，这与教育科研的基本特征有关。教育科研更多着眼于实践问题的解决与政策规范的落地，体现了教育教学行动的前瞻性和创造性。教科室主任当然需要具备这样的管理素养与相应的管理理念。

一般学校在明确的管理制度中对学校教科室主任会有如下四个维度的职能定位。

维度一：理念认同。明晰学校整体的办学思想，理解学校主导性课题（或主干课题）的研究方向及其研究价值。

维度二：科研规划。协助学校管理层（包括校长或分管校长）做好学校教育科研的顶层设计，架构学校教育科研的整体框架。

维度三：课题管理。负责学校教师的教育教学科研课题的申报、立项与研究过程的指导，以及成果总结与推广，整体策划好相应的课题研究实践活动。

维度四：教师培养。负责教师专业发展规划指导，组织教师专业培训，设计教师专业成长的活动。

随着新课程改革的深入推进，有些学校为了顺应课程改革的发展，改革了学校中层机构，将原来的教导处、教科室等中层机构进行重组，成立了"发展中心""课程中心""科研中心""信息中心"等一些更为细化与聚焦的部门机构，也明确了相应机构的职责。比如"科研中心"的职责："1.常规工作：教师教科研发展、继续教育、论文与课题研究、教师随笔博客；2.特色工作：学校课程开发、学校和教师发展规划、三级课题引领、师生读书工程、校本研修培训。"[②]其实，从教科室的职能来看，"科研中心"承担着的就是原来学校教科室的职能，因此相关负责人（科研中心主任）的职责范围也与原学校教科室主任的职责相近。

---

① 郑杰.忠告中层：给学校中层管理者的47封信[M].上海：华东师范大学出版社，2013：40-41.
② 钱爱芙.幸福学校的愿景与行动[M].南京：江苏人民出版社，2017：234.

二、学校教科室主任的角色担当

从以上关于学校教科室主任的职能定位，我们可以看出，适宜担任学校教科室主任的人除了具备一定的管理素养之外，还应该具有相应的教育教学研究力。当然，从学校管理实践来看，在教育科研管理岗位做得比较成功的教科室主任，要么是自身具有极强的教育教学研究力，并具有一定的人际交往与协调能力的人；要么是具有极强的人际交往与协调能力，并具有一定的教育教学研究力的人。在管理方面一般会表现出比较强的理解与洞察、研究与指导、梳理与规划以及组织与协调等四个维度的能力。这四个方面的能力，也应该是一名优秀的教科室主任的角色担当。

（一）理解与洞察力

作为一名教科室主任，理解与洞察力主要表现在对教育教学理论的学习，对时代发展以及国家、省市等上级部门出台的政策法规等内容的及时理解与把控，洞察社会发展与教育发展的整体方向，透过表面能够看到事物发生与发展的本质，从而拓宽研究视野，提升研究能力。

比如，在中共中央办公厅、国务院办公厅印发《关于进一步减轻义务教育阶段学生作业负担和校外培训负担的意见》出台后，"双减"就成为了一个席卷全国的热词。对于学校教育管理者与广大一线教师而言，"减轻作业负担""课后育人服务"与"校内学足学好"等工作需要切实做好。这时候，具有较强洞察力的学校教科室主任，便会提请学校教师关注、思考以及实践这些方面的内容，真正把握国家从政策层面提出"双减"的根本意义与实践价值，从而组织、引导学校的教师就如何做好"减轻学生的作业负担"，实施好"课后育人服务"，落实好"校内学足学好"等问题展开及时的教育教学实践研究，以保障文件精神更好地落实，真正实现"双减"政策的社会价值。

再如，在实践问题的解决层面，有比较强的洞察力的教科室主任，时常会在与教师进行日常教育教学研讨时，发现具有研究价值的科研选题，帮助教师梳理研究计划，引导教师走上科研之路。

（二）研究与指导力

如果说教科室主任的理解与洞察力反映的是其科研选题的视界的话，那么研究与指导力则反映的是其自身研究素养与专业指导的能力。

事实上，学校校级管理者在选拔教科室主任的人选时，首先应该考虑的是这个人自身的教育科学研究的能力。这符合专业选拔管理者的理念。与曾经政治优先的管理者队伍构成不同的是，"教而优则仕"已经成为了现代学校管理者队伍构成的一大特点，那么"研而优则管"应该可以成为学校教科室主任选拔的基本思路。

从本区域各中小学校教科室主任的任职情况来看，90%以上的现任学校教科室主任，在担任本职务之前，已经有了主持区级及以上的课题研究的经历，且有超过半数的教科室主任主持的课题其成果在相应级别的评比中获得过一、二等奖。这表明，教科室主任们自身的研究力还是能够被认可的。

作为中层管理者的教科室主任，在自身进行教育科学研究的同时，能够指导学校教师进行教育科学研究，是一种必备的能力素养。从学校的教育科研管理实践来看，教科室主任自身的研究力也是其指导力提升的前提。"指导"的本意是"指示教导，指点引导"，其前提是指导者本人必须有相应的技术或能力。当然，学校教科室主任的指导力应该表现为三个水平层次。

层次一："照搬"。将自身课题研究的经验直接"教"给被指导者，这种"依样画葫芦"的方式，对于一些课题研究"零经验"的教师来说，会起到一定的作用，至少能让这些教师有一个参照的样本。这其实也是一个指导者（教科室主任）反思凝练研究经验的过程。

层次二："援引"。在指导教师做教育科研（课题研究）的过程中，除了将自身的研究经验"教"给被指导者之外，还会引用一些成功的研究经验与优秀的科研案例，以帮助被指导的教师打开研究思路，扎实研究过程，解决研究过程中产生的问题。这个过程也会有助于指导者（教科室主任）深入学习高质量研究成果,更快促进自身的专业成长。

层次三:"互启"。这指的是在指导过程中,能够与被指导者进行对话,在深度了解被指导者的研究意图与研究困难的情况下,给出建设性意见。这个过程也是指导者(教科室主任)指导能力最为成熟的表现阶段,同时也是最智慧的指导方式。

(三)梳理与规划力

对于学校教科室主任来说,梳理与规划力主要是指对学校的教育科研总体情况的梳理与学校教育科研工作的整体规划。梳理更多指向于对学校已有科研课题的整理,包括各级各类课题的立项、研究过程与结项情况。规划则指在对学校教育科研整体状况有所把握的情况下的计划与设计,一般有学校教育科研的顶层设计与阶段性的学校教育科研工作的安排。

实践中,教科室主任对学校教育科研工作的梳理与规划,可以通过一些工具量表来呈现。我们在本区域的学校教育科研工作计划的制订中,设计了以下表格,帮助学校教科室主任作好学校教育科研的阶段性梳理与规划。

××学校 ××××学年教科研工作计划表

一、课题(项目)管理					
(一)主导性课题(项目)					
名称					
现有状况					
本学年推进要点					
(二)规划课题					
序号	名称	负责人	级别、类别	立项时间	拟结题时间

续表

（三）个人专项课题					
序号	名称	负责人	级别、类别	立项时间	拟结题时间

（四）其他立项课题（项目）					
序号	名称	负责人	批准立项单位	立项时间	拟结题时间

（五）本学年拟参加区级及以上级评选的成果					
序号	名称	负责人	级别、类别	结题时间	拟参加评奖类别

二、学校科研工作管理与科研活动策划

该表包括梳理与规划两大部分内容，梳理部分主要包括学校近一年中各级各类课题的立项与准备结项的情况；规划部分则需要呈现学校的教育科研工作管理的特色与近一年中学校教育科研活动的组织与策划。一位教科室主任若能依照此表认真完成学校教育科研工作的学年计划，那么他对学校的教育科研工作整体情况一定会有比较完整的掌握，同时学校一学年的教育科研工作也将会有条不紊地展开。

（四）组织与协调力

组织与协调作为管理者的一种基本素养，学校教科室主任们也同样需要。对于学校教科室主任来说,组织与协调力更多体现在具体研修活动的策划与设计,学校各部门间的协同,甚至校内外教育科研专业部门及人员的沟通与使用上。

学校内部的教育科研活动的策划包括学校主导的科研活动与教师个体主导的科研活动。教科室主任在学校主导的科研活动中,应该成为策划的主体,一般以学校整体的科研理念与思路,组织策划相应的科研活动。如一些以校为单位的对外课题研究展示活动、课题成果推广活动等。

教师个体主导的科研活动一般表现为课题研究活动。此类活动中,教科室主任一般作好统筹与协调,配合教师(课题组)进行活动。一般将课题组的研讨活动排入到周工作中,或者帮助邀请相关的专家参与某个课题的研究实践活动等。比如学校的某位教师主持的省级课题要开展开题论证活动,教科室主任便可以帮助课题主持人一同设计论证方案,邀请对课题研究相关领域有一定研究的专家来校指导,参与论证;后续帮助教师一起整理论证材料,修改方案,深度设计研究路径等。

作为学校的教科室主任,相应的组织与协调能力保证其管理工作得以顺利进行。同时,这种能力的发展也是其管理层级提升的重要因素。教科室主任被提拔为校级领导,在如今学校校级领导选拔中的比例还是比较高的,这种现象已经成为了一个不争的事实。

建议 23：学校应做好教育科研顶层设计

在学校的教育教学管理中，所谓顶层设计，即是指以系统思维为基础，对教育教学工作作出整体架构与设计规划，期待能在高层次上寻求解决教育教学实践问题的策略路径。教育科学研究工作作为学校教育教学工作的重要组成部分，在纳入到学校整体的教育教学工作统筹思考与设计的同时，需要有结合学校实际的整体设计与架构。这也就是学校教育科研工作的顶层设计。

一、学校教育科研顶层设计的意义

自上个世纪 80 年代以来，教育科学研究工作逐渐进入到义务教育阶段的中小学校，随之"科研兴校，科研兴教，科研兴师"等命题也逐渐成为基层学校办学的重要理念与思路，至今已经成为了许多学校发展的重要支柱。各级各类学校的发展规划中，总是将学校的教育科学研究工作作为重要的内容纳入。而教育科研工作有特色、见成效的学校，其健康可持续发展的态势极其显著。浙江省教育科学研究院于本世纪初评选出的"浙江省科研兴校 200 强"学校，也带动了一批高质量发展的学校。而综观这些学校的教育科研工作特色，大多数有着清晰的学校教育科研工作的顶层设计。

例 1：严州中学。学校教科研组织机构健全，建立并完善了学校教科研中心、教科室、学科教科研小组三级教育科研管理组织，形成了既系统又完整的教科研网络。教科研制度完备，管理规范。……学校于 1998 年申报了"优化课堂教学行为培养学生创新精神和实践能力的实践研究"的省级课题，带动教师从 49 个不同侧面进行研究实践……1999 年申报了"重点中学实行 AB 班主任制的研究"的省级课题，带动了全校 60 多位班主任参与研究实践……①

例 2：杭州市胜利小学。2004 年，学校的重点课题"21 世纪学习型学校构建研究"成为省级立项课题，在此课题的统领之下，又有相关的子课题在市、区立项，形成了一个比较完善的课题群。②

例 3：嘉兴市实验小学。实验小学经过几年探索，形成了以"和谐教育"为主导的办学理念，在各个领域内进行了相应的课题研究。德育领域以省十五重点规划课题"学会关心——小学生德育系列化活动探索"为主线进行研究；课堂教学实践层面则是创设"和谐情境"为主要特征的改革探索；教育管理领域则以"创造型教师的培养研究"为抓手作好师资培养。③

显然，以上学校的教育科研顶层设计，为这些学校教育科研工作的后续发展指明了方向，在学校整体发展的过程中起到了明标、聚力、共生的作用。明标是由教育科研的根本特征决定的。因为教育科研更多是需要站在教改前沿的，是需要解决教育发展过程中的问题的。有了教育科研的顶层设计，会让全校师生更清晰地明确学校发展的方向，研究解决问题的视角。由此会让全校教师形成共同努力的意愿，同心协力解决问题。当然，这样的过程，也最终在学校健康可持续发展的过程中，带动教师的专业成长。

二、学校教育科研顶层设计的思考维度

学校教育科研需要顶层设计，但由于学校的规模不同、办学基础不同，以及教师整体素质存在差异，教育科研顶层设计的思考维度也可以是不同的。比如有些城市中心城区的优质学校，每个年级都在 6 个班以上，全校学生总人数在千人以上的，相对办学规模比较大，其科研顶层设计定位就可能比较高，可以呈现愿景式的设计；反之，一些乡镇农村学校，或城市中心城

---

① 浙江省教育科学研究院.浙江省科研兴校 200 强风采[M].杭州：浙江大学出版社，2005：2.
② 同①：230.
③ 同①：310.

区的一些年级班级数在3个以下，全校学生总人数不超过500人的小规模学校，在做科研顶层设计时，定位可以低一些，更加注重实践式的设计。实践中，一般表现为以下三种设计思路。

（一）依托主干课题的教育科研顶层设计

依托主干课题的教育科研顶层设计，即是以学校的某个主干课题（有些区域也称其为"主导性课题"）为主体，架构学校教育科学研究的整体思路，引导学校教师参与教育科学研究活动。比如上文谈到了严州中学，该校于1998年申报了"优化课堂教学行为培养学生创新精神和实践能力的实践研究"的省级课题，带动学校教师从49个不同侧面进行研究实践。而上个世纪90年代后期，也正是教育科研进入到基础教育阶段的学校，开始成为学校发展中的重要组成部分。这个时间段里，以某个选题较为宏观的研究课题来带动学校教师参与研究，不失为顶层设计的一种有效方式。

上海市宝山区行知小学2013年立项的教育部重点项目"实践共同体视域中成熟期教师适应性专长发展和观念重构的研究"，便体现了学校教育科研顶层设计的理念。这个项目行知小学是于2012年间开始关注的，其提出的理由是：学校共有在编教师71名，其中获得小学高级职称的占73%，十年以上教龄的教师占87%……这些"成熟期"教师评上小学高级教师职称之后，专业发展之路似乎就遇到了瓶颈，主观发展意愿微弱，动力缺乏，专业发展速度明显放缓甚至停滞不前……当此项目立项之后，学校以此课题为抓手，将学校的整体发展结合课题研究同步推进，使得教师的专业发展再出发的同时，学校的整体质量与影响力也进一步得以提升。[①]

"在学校科研中，如何把科研与学校发展结合起来，应用科研的思维方式，通过研究，解决学校面临的问题，找出学校课程开发、课堂改进、教师专业发展和特色建设的规律和机制，引领学校可持续发展，……行知小学的课题研究历程为科研反哺学校内涵发展提供了典型案例，对于同类学校开展

---

① 姜敏.实践共同体视域中成熟期教师适应性专长发展的研究[M].上海：上海科学普及出版社，2018：1—2.

科研工作提供有益的借鉴。"①上海市宝山区教育学院闫引堂在为本成果的专著写的"前言"中是这么评价的。这很好地诠释了依托主干课题的学校教育科研顶层设计的实践意义。

相对来说，依托主干课题的教育科研顶层设计，一般适用于规模较小或起点较低的学校。这类学校教育科研工作基础较为薄弱，校内教师的教育科研力也相对较低。将全体教师纳入到主干课题的研究范围之内，以整体推进的理念，发挥每一位教师的主观能动性，以期更好地实践教育教学活动。这也是依托主干课题的教育科研顶层设计的基本思路。

（二）立足特色建构的教育科研顶层设计

学校特色建构既是提升学校影响力的重要途径，同时也是引导全校教师朝着同一个方向努力的重要方式。而建构学校特色过程中的一种重要方略，便是通过教育科研。于是，有些学校便在教育科研的顶层设计中，将学校特色建构作为主要的架构目的，以保证在一定的时期内引领全校教师、全校各级部门围绕同一个目标实践、思考与研究。

东北师范大学南湖实验学校作为一所办学时间才十年的九年一贯制学校，在办学伊始，便提出了以"向美的身心、向善的品格、向上的学力、向真的学识、向新的行动"为核心的"五向课程"建设的办学理念，并于2018年间，以"五向课程"深化研究为动力，提出了"科研兴校、科研惠师、科研强生"的科研理念，通过课程、课题、课堂"三课联建"进行教育科研顶层设计，推进学校教育科研向高品质发展的同时，丰厚学校的办学特色。这些年中，学校围绕"五向课程"建设进行实践研究的各级各类立项课题超过100项，在构建了以基础课程校本化改造、拓展课程系列化开展、学教方式跨界性变革为实施策略的课程实践特色的同时，学校的影响力也在不断扩大，研究成果也在省市级科研成果、教学成果评比中获奖。"五向课程"特色建设也在向"五育并举"的校本化落地推进，"五向课程"的实践也逐渐

---

① 姜敏.实践共同体视域中成熟期教师适应性专长发展的研究[M].上海：上海科学普及出版社，2018：前言.

在学生的"五向素养"发展中得到蝶变跃升。①

时代发展到今天,"创学校特色,以特色带动学校发展"的理念也为越来越多的学校管理者所认同。因此,立足特色建构的教育科研顶层设计已经为越来越多的学校管理者所应用。有些学校以课程建设为抓手,有些则以课堂教学改革为突破点,还有一些学校以德育活动为创新点。不管以何种主题、内容为特色点,借教育科研顶层设计这一路径,厘清特色要素,分解操作要点,引领全校教师共同探索,不失为一种有效促进学校整体发展的策略。

(三)基于整体规划的教育科研顶层设计

相较于前两种教育科研顶层设计以一个课题或一个项目来规划设计学校的教育科研工作,基于整体规划的教育科研顶层设计将学校的教育科研工作上升到统领学校发展的定位,以教育科学研究的思维来整体规划学校的工作。显然,这种教育科研顶层设计的思维是真正体现"科研兴校"的本质内涵的。工作即研究,实践即探索,深刻体现带着思考实践,依托研究突破的"科研"思维。这种顶层设计的思路,一般适用于学校发展的转型期,期待通过教育科研的顶层设计来进一步增强学校的可持续发展,推进教育教学改革。

嘉兴市实验小学张晓萍校长在《和谐:教育的发现与回归》一书中谈到2000年左右学校围绕"和谐教育"的实践与研究时是这样说的:我们提出学校整体改革的思路,意味着这不是对以往教育实践的"修补"和"改进",而是指通过对学校教育的整体形态、内在基质和日常的教育实践的变革,促成一所新型学校的诞生。……我们认为我们所进行的以"和谐教育"为主导教育价值理念的学校整体改革至少涉及教育价值的提升、培养目标的重新构建、教育环境的重塑、教师职业生命内涵的重建、教育活动的重构、新教育评价生态系统的建立与组织形态的深度变革等多方面的探索与实践。②

---

① 刘学兵.基于"五育"并举的课程表达——东北师范大学南湖实验学校"五向课程"的行动研究 [J].人民教育,2020(8):64-67.

② 张晓萍.和谐:教育的发现与回归 [M].上海:上海辞书出版社,2005:25-30.

基于此，学校在教育科研的顶层架构上，形成了一份可供全校教师、各个层级部门与人员借鉴的教育科研选题的思路（如下表）。

	教育价值提升	培养目标重构	教育环境重塑	组织形态深度变革	教育活动重构	评价系统建立
学生	A：★▲	B：◆	C：★★★◆	D：◆	E：◆★★★ ◆◆◆◆ ◆▲▲	F：◆◆
教师	G	H：★	I	J	K	L
学校	M	N	O：◆◆	P：★	Q	R

表中的字符是学校教师研究的省市区级立项的课题。如字符"A：★▲"是由校长主持的省级重点课题"小学和谐教育发展研究"，指向于学校整体推进的教育价值提升；字符"D：◆"是由分管德育的副校长主持的市级规划立项课题"合作型家庭成长联盟的建设与研究"，指向于学生层面的组织形态的变革。当然，许多只有字母的格子，便是留给学校管理者与教师进一步思考与探索，选取研究空白点做课题时参考的。

学校有了基于整体规划的教育科研顶层设计，为全校教师建构课题研究选题结构图。这从教育科研促进学校教育教学发展、促进教师专业成长的角度来看，真正体现了明标定向、整体联动与助力发展的意义与价值。

三、学校教育科研顶层设计的注意点

做好学校的教育科研顶层设计具有极为重要的意义，但在具体的设计中，需要注意三个方面：首先，做教育科研顶层设计时，不能是学校办学理念的简单呈现，而是学校教育教学管理者对教育科研理念的集中表达；其次，教育科研顶层设计不能是各级各类课题的简单罗列，而是学校教师已经立项的各级各类课题间关系梳理的重要表述，同时，需要对教师将来进一步做研究提供选题思路；最后，学校教育科研顶层设计也不能是教育科研管理路径的简单说明，而是学校教师研究问题与发展专业的深度诠释，即需要引导全校教师理解教育科研的重要性和课题研究的必然性，从而引导教师走上一条以教育科研为路径的专业自觉的成长之路。

建议 24：于关键节点处抓实课题研究过程管理

以课题研究为载体的教育科研已经成为了一线教师思辨与解决实践问题、提升专业素养的重要途径。据不完全统计，笔者所在的区内，每年约有超过 350 项的课题被区级及以上的教科规划部门立项，加上一些校级立项的课题，估计有不少于 500 位教师有主持研究的课题。这个数据以我区在编教师的总人数 4500 人来算，每年至少有不少于 10% 的教师有主持研究的课题。以五年为限，去掉重复主持的教师，保守估计也有近半数的一线教师有主持课题研究的经历，而参与课题研究的教师则更多。这些课题研究的质量如何？是否对教师的教育教学实践工作有促进作用？无疑需要有健全的课题研究过程管理机制作保障。而学校则是做好这项管理工作的第一责任单位。

经过多年的实践，我们也越来越清晰地感受到，"选好题，备好案，做实过程；聚焦点，梳理线，提炼成果"是一线教师教科研课题过程的体现。于是，在针对一线教师的课题研究过程管理实践的基础上，逐渐形成了包括"选题指导、方案论证、中期督导、结题指导"等四个关键节点处的"指导"策略，从而抓实课题研究的过程管理。

一、选题指导，从源头上提升一线教师研究的立意

选题是一项课题研究的开始。许多教师研究的课题意义不大，价值不高，与教师的选题有极大的关系。我们知道，一线教师的研究课题一般来源于三种途径：一是源于自身实践中碰到的问题；二是来自亲身实践后有感受的实践经验；三是产生于对经典学习理论或教育教学理论的学习思考。作为

学校教育科研的管理者与指导者，若能在教师想通过一项课题进行研究探索之初，引导教师从更高层面上、更广的范围内，思考问题、经验与理论之间的矛盾点，自然会提升教师在该项课题研究中的研究价值与实践意义。

实践中，学校教育科研的管理者与指导者可以在以下三个方面给予适时的指导。

一是从问题到课题的聚焦。一线教师对于课题来源于问题，基本达成了共识。而从问题到课题需要有研究点的聚焦。因为同一个问题，解决的策略路径可能是不同的，于是形成的课题研究假设也不尽相同。比如针对学生数学问题意识薄弱，可以提出"小学生数学学习'问导单'设计与应用的实践研究"这样的课题，其基于的假设便是"用'问导单'这样一种工具，来引导学生从'不会提出问题，不会提出好问题'发展到'能够提出问题，提出好问题'"；也可以提出"数学课堂教学中'一境多问'式教学活动设计与实践研究"这样的课题，其基于的假设则是"设计'一境多问'这样的教学活动，来引导学生从'不会提出问题，不会提出好问题'发展到'能够提出问题，提出好问题'"。[1]

二是基于主题的价值思辨。这其实强调的是课题选题的前瞻性与研究价值。一线教师的课题研究若能在解决实践问题的同时，通过研究提炼出一般规律的话，会让自身的研究更具价值。当然，这就需要考虑所研究的课题是否具有前瞻性，能否利于发现教育教学过程中的一般规律。这一目的的达成，需要课题主持人与科研指导管理者们深入探讨与思辨后，才有可能更好地实现。

三是回归实践的可行性思考。对于一线教师而言，课题研究不应该是空中楼阁，不能为课题而做课题，而是需要立足实践、解决实际问题的。因此，帮助一线教师对研究选题作可行性分析，也是避免其做无用功，少走弯路。比如曾经有任教低段数学的教师想做课前预学（因为区域内在推进"先学后教"的项目）的研究课题，这样的选题本就缺乏可行性。通过指导，这

---

[1] 费岭峰.怎么做课题研究：给教师的40个教育科研建议[M].上海：华东师范大学出版社，2021：7–11.

位教师认识到课题研究缺乏可行性，于是选取其他的研究点进行实践研究。

二、方案论证，突出"想好了做研究"的一线教师课题研究特色

课题研究方案是一项课题后续研究的整体规划，重点包括研究内容和研究思路。课题研究方案的论证，其实是再次对选题进行的价值思辨，同时还是对"方案"实施策略或路径进行可行性分析的过程。

从学校教育科研的管理来看，对教师申报的课题进行方案论证主要分为两种情况：一种是为了向上一级科研规划部门申报立项的课题的方案论证，可称之为申报方案论证；一种是针对已经在上一级科研规划部门或者校级立项的课题的方案进行的再论证，即课题研究的"开题论证"。两种课题方案论证的目的还是有差异的。

先谈申报方案论证。作为学校的教育科研管理者，在立项前为了申报而组织进行课题研究方案的论证，需要与申报课题的主持人及其研究团队，重点探讨方案设计中的三个基本点：一是课题选题的意义，二是课题研究内容框架，三是课题研究的路径设计等。也就是，讨论研究课题的价值是否表达清楚了，是否能够让评审专家一下子领会到本课题研究视野的前瞻性与现实的必要性；研究内容是否清晰了，思辨的逻辑是否合理了；课题研究的路径是否可行，研究的策略方法是否具有真正的可操作性；等等。总之，课题申报时让评审专家直接能够感受到该课题有较高的研究价值、清晰明了的研究内容及切实可行的研究路径的课题研究方案，才有被立项的可能性。这也是学校教育科研管理者必须把握的。

再说课题研究的开题论证。已经立项后所做的对研究课题的开题论证，事实上是基于方案解读的课题研究思路的再分析、再思辨，过程中更多指向于研究实践操作等方面内容的探讨。开题论证也是课题研究过程的重要组成部分。一般除了需要课题研究成员全员参与之外，还可邀请一些科研指导专家与学科专家参与，以帮助课题组成员解决课题实施中存在的学科问题与科研方法运用的问题。作为学校教育科研的管理者，一般需要做好两件事：一是帮助课题组邀请相关论证专家；二是组织设计相应的课题论证活动。

相对一般教师而言，学校教育科研的管理者对课题指导专家相对熟悉，帮助课题组邀请一些对相应领域比较熟悉的"行家里手"来指导课题研究，既是助力，更是责任。相对课题组成员，作为科研管理者，组织策划相应的课题论证活动，同样是职责和义务，只是在组织过程中，需要引导论证专家与课题组成员，除了对研究价值进行再思辨之外，更需要关注过程的可行性分析与研究预期成效，帮助课题组成员"从结果来设计研究过程"的方案更明晰，从而利于后续开展研究实践。

三、中期督导，强调课题研究的阶段性梳理与反思

所谓中期督导，简言之，便是在一项课题研究的中期阶段，学校教育科研的管理者对其进行相应的检查。从学校教育科研管理来说，这应该是课题全过程管理中的一项重要的常规工作，涉及学校教师立项的各级各类课题。事实上，从学校教师立项的课题研究时长来看，最短的为一年，有一些课题会有两三年的研究时长，比如省级重点研究课题。对于一些研究时间较长的课题来说，中期督导更有必要。

中期督导，既是一种督导，也是一种再论证，同样是课题研究过程中的一个重要节点。因此，作为学校教育科研管理者，在针对某项立项课题进行中期督导时，需要把握两个方面的操作要点：

一是"指导梳理"，即指导课题组梳理前期研究资料，提炼阶段性成果，体现"督"的职能。这个过程表现为两个阶段：第一个阶段是通过中期督导的工具量表，需要课题组在管理者督查前完成。比如自查表的填写，研究资料的整理与归档等。第二个阶段即为现场的查阅与交流。

二是"再次明标"，即与课题组成员一起进一步思辨研究内容与研究进程，准确把握课题研究的方向，体现"导"的意义。这个过程会在查阅现场完成，一般也分为两段，前段时间是课题组的汇报（可以是主持人，也可以是核心成员），后段时间是督导组成员与课题组成员间的现场交流。

中期督导的方式视学校课题量的多少一般采用分组集中式，即将同类课题归为一组，可以是省市区校级这样的归类，最好的归类标准则是按照课题

的研究主题进行归类，有利于督导现场作集中性的针对指导。分组时课题量一般控制在五项以内，超过五项时，可以继续分组。然后用一个半天时间进行督查指导。

中期督导的时间一般安排在课题立项后的一个学期之后。根据本地区课题立项的时间来规划。一般地区以学年为单位进行课题立项的，那么学校中期督导的时间一般安排在学年的第一个学期的结束时段。当然，也可以放在第二个学期的开学初。

就学校教育科研的管理者而言，督查指导组的成员构成一般包括校长、分管校长、教科室主任、教务主任，以及一些有课题研究经验的骨干教师，某学科领域的名师、骨干教师等，有时候还可邀请区级、市级及其他教育科研机构的专家参与。在进行现场督查时，这些成员同样可以按照职务与学科特长分成若干个小组，以便充分发挥教育科研管理者、科研能手与学科专家的指导作用。

四、结题指导，保障课题研究成果提炼的高质量

当一项研究课题准备结题时，需要对研究成果进行梳理。成果梳理一般包括研究价值再思、研究成效分析、研究成果提炼，在此基础上撰写报告。作为学校的教育科研管理者，如何指导教师做好研究课题的结题工作，同样是科研常规管理的主要任务之一。站在学校的角度，教育科研的管理者，对教师们的课题作结题指导，可以做好以下三个方面的工作。

首先，明确各级各类研究课题的结题要求。一般来说，许多学校有不同级别课题立项。有时不同级别、不同部门的课题结题要求并不完全是一样的。有些需要关注研究报告的同时，特别关注课题研究中的过程性资料。

比如浙江省教育科学规划领导小组办公室立项的省级课题，结题时需要根据《浙江省教育科学规划课题管理办法》的要求进行鉴定："列入浙江省教育科学规划的所有课题按期完成后，原则上最终成果均须进行鉴定，通过鉴定后予以验收结题。"该管理办法又提出："主要研究内容在全国中文核心期刊上发表1篇以上论文的重点课题或在省级以上公开刊物上发表1篇以上

论文的年度规划（含专项）课题可免于鉴定，获得设区市以上政府、教育行政部门或科研管理部门三等奖以上的课题成果可免于鉴定。"对于成果报告的要求为："重点课题的结题报告原则上不能少于1万字，年度规划（含专项）课题的结题报告原则上不能少于7000字。所有课题申请结题均须填写《浙江省教育科学规划研究课题结题申报表》，并提交课题研究报告。"

浙江省教研系统立项课题的结题要求中，一是对书面结题报告在字数上作了要求，即"结题报告字数10000字以内"；二是对上交材料作了要求：结题报告一份和课题研究记载册一份。作为学校的教育科研管理者，若学校有教师承担省教研课题的话，那么一定要在研究过程中，做好课题记载册的记录，同时在结题时，需要整理好相关表册。

其次，课题组撰写研究报告时给予适时的帮助。课题结题报告的撰写是课题研究过程中最为重要的工作，它代表着一项研究课题的顺利结束，也是反映课题研究质量的重要指标之一。作为课题组当然需要认真总结凝练成果，撰写结题报告。而作为学校的教育科研管理者，则需要给课题组总结提炼研究报告提供必要的帮助。比如成果亮点的梳理，研究成效的分析，甚至在结题报告的框架上也需要作出更优的调整。有时可提供一些高质量研究报告的样本，供课题组参考学习，规范结题报告的撰写。

最后，做好校内各级各类课题结题材料的自查。这也是学校教育科研管理者的基本工作之一。一般来说，到每年的9月是各级各类课题结题的集中时间，需要上交的材料颇多。学校教科室的成员在收取教师上报的结题材料时，要按照不同级别、不同部门的立项课题结题要求作好检查比对，以防资料缺失，影响课题的结题。这其实也是学校教育科研管理者服务职能的体现。

建议 25：扎实以"三研"为重点的课题研究实践活动

强调课题研究实践活动的落实，针对课题研究的活动进行指导，其实是在强调"做课题"的理念，即课题研究是靠"做"的，研究成果是"做"出来的，不是靠"写"出来的。一个高质量的研究成果，一定是建立在扎实的研究过程基础之上的。因此，对课题研究实践活动的指导，一则是强化一线教师对课题研究"实践"意义的认识，引导课题主持人结合实践开展课题研究实践活动；二则也是帮助一线教师在开展课题研究实践活动时，更有针对性和研究味，能更好地应用教育科学研究方法进行研究，以提高课题研究过程的科学性和成果的科学性。我们说，课题研究的过程中，思辨、思考、思想是重要的，实践尝试后的观察分析以及反思调整后的再尝试、再实践同样重要。因此，作为学校教育科研的管理者，对学校教师的课题研究实践活动的指导特别重要。应着重做好两个方面的指导工作：

一是帮助教师把握课题研究实践活动与日常教学活动的关系，在做好日常教学活动的同时，经常性地设计课题研究实践活动，即在课题研究实践活动中，设计"有围绕主题的假设"，作好"有依据假设的分析"，关注"有规律提炼的需要"，强调"有过程资料的物化"。[①]

二是帮助课题主持人做好课题研究时引导课题组成员深度参与研究的指导。指导课题主持人设计一些研究工具，以引导课题组成员参与；指导课题主持人设计好课题研究计划，以引领课题组成员参与；指导课题主持人设立

[①] 费岭峰. 怎么做课题研究：给教师的 40 个教育科研建议 [M]. 上海：华东师范大学出版社，2021：95-113.

相应的子课题，以创造课题组成员深度参与的机会。①

具体管理实践中，表现为扎实"三研"的课题研究实践活动。所谓"三研"，指的是由个体到群体，由内部人员参与拓展到外部人员参与的自主研、互动研与引领研等三种实践研究形式。现就这三种形式作具体阐述。

一、重视"自主研"，让研究过程更有深度

所谓自主研，即课题研究者（个人或课题组）按研究计划自主进行的研究活动，自主研是课题研究进一步推进的基础。没有自主研，事实上也就没有了后续的研究，或者说后续研究一般只会停留于"想"的层面，而无法落到实处。唯有以"自主研"为基础，后续的互动研、引领研才会更为有效。自主研的基本内容可以从课题研究的不同阶段来设计，其过程和着力处可以用"三自"来表达，即：自主思考，自行实践，自觉梳理。

自主思考更多体现在课题研究的起始阶段。这个阶段，研究者会对一些实践问题进行思考，一般表现为经验与现实产生矛盾冲突，或是相关学习理论与现实产生矛盾等，然后产生了研究的意向，形成初步的研究框架等。当然，在课题研究的全过程中，研究者的自主思考贯穿始终，唯有研究者自主思考，才有深入研究的基础与可能。

与自主思考一样，研究者的自行实践应该成为课题研究最终取得研究成效的必备条件。在思考的基础上实践，实践的过程中思考，这是课题研究者研究活动的基本特征。

自觉梳理则体现在阶段性成果总结与课题研究成果总结的阶段。我们知道，在一项课题研究的过程中，专家同行的意见或建议很重要，但毕竟不能替代研究者的研究过程，替代研究者自身的思维，只能供研究者参考或借鉴。自觉梳理既是成果总结的基础，同时也是成果质量的最重要的保障因素。

---

① 费岭峰.怎么做课题研究：给教师的40个教育科研建议[M].上海：华东师范大学出版社，2021：95-113.

从学校教育科研管理的角度，为了促使每项课题的研究者重视"自主研"，会在课题管理中以"研究过程记载册"的方式，要求每项课题记录课题研究的全过程。一般来说，"记载册"中包括方案论证记录、研究实践活动记载、理论学习活动记载以及研究阶段性成果的登记等四个基本内容，同时也允许课题研究者在"记载册"上记载一些特色内容。当然，"自主研"的过程，更多还在于课题研究者的研究意识与自觉落实，管理者提供的"记载册"也只是一种形式促动。

二、促进"互动研"，发挥研究团队的群体优势

互动研，即是相互交流，相互探讨，相互启发。互动研的意义在于借助群体的讨论，进一步打开思路，开阔思维，开拓视野，以提升课题的研究质量。在学校课题过程管理中，我们会采用同一类课题作为一个讨论组，以引导相近课题研究者之间的相互交流、相互启发。其过程和着力处可以用"三共"来概括，即：焦点共磨，难点共探，经验共享。

课题研究的核心内容，我们可称之为研究的焦点；在研究过程中碰到的一些一下子没能思考明白的内容或方法或材料，抑或理论理解，可称之为研究的难点。焦点共磨与难点共探，其意图均着眼于研究过程中对某些共同点进行讨论，共同思考解决的策略。

经验共享，更多是指课题研究者在研究过程中获取的经验的分享。一线教师的课题研究，更多是着眼于实践问题的解决，其实践价值强于理论价值。因此，从学校课题研究管理来看，组织相近课题研究者们进行课题研究经验的分享，一则为各自课题研究的深入提供一些可借鉴的方法策略；二来也是鼓励一线教师们将阶段性成果展示出来，在更广的面上进行应用，以验证研究阶段性成果的适用性与可推广度。

从这个意义上来看，学校教育科研课题全过程管理中的"互动研"活动的组织与落实，显得格外有价值。实践中，"互动研"活动一般安排在中期督查与交流阶段，偶尔也会在课题研究活动的阶段性成果展示阶段，或者终结性成果的推广活动中。

三、强调"引领研",着力提升课题研究活动的思辨力

引领研,即引导研究,引领研究,一般是指有教育科研专家参与的课题研究论证或研讨活动。在课题研究中,"引领研"的作用越来越成为一线教师"做"课题的重要环节。被邀请参加引研活动的专家,一般是一些有经验的课题研究者,有一定的实践经验并有较强的理论功底和研究思辨力。事实上,一线教师的课题研究也确实需要有相应的富有教育科研经验的专家教师参与,为缺乏研究经验的他们作指点与引导。引领研活动的过程与着力点可以用"三提"来概括,即:提升价值,提炼策略,提示亮点。

提升价值的意图在于重新审视课题研究的立意,思辨研究过程与研究成果的实践意义。而在审视时,一般思考三个问题:研究是否顺应教育教学的规律?研究是否符合时代的要求(比如一些注重课堂策略改进的研究,是否有益于发展学生的素养或能力)?研究成果是否具有普遍意义?这也是一项研究是否具有生命力的保证,对于市级及以上的课题更需要有如此的思辨。

提炼策略的过程,也是研究成果梳理的重要过程。对于一线教师来说,课题研究与实践活动相结合的工作会比较容易落实,但缺乏于实践基础上形成的经验或方法的提炼能力。这时有科研专家或理论研究者介入,便可以帮助一线教师进行相应的提炼,有助于研究成果的结构化,提升课题研究成果的理论水平。

对于一线教师来说,教育科研工作的一大特点是创新实践过程,形成有创意的工作方式(包括教育教学的方式方法)。因此引领研活动中,提示亮点也是比较重要的目标。提示亮点包含两层意思:一是研究课题本来就已经具备了有创意或有创新性的内容,在引领研活动中只是提醒,可以作深度探究或落实;还有一层意思是,研究课题本来的设计中基本没有新的、有创意的内容,需要通过引领研活动来重新审视研究点,通过交流探讨发掘出有创意的研究内容,增加课题研究的创新价值。

当然,在引领研活动的开展过程中,不同级别的立项课题,也会有不同层级的科研骨干或专家教师参与,如校级课题一般可以邀请学校的名师或科研骨干参与,省级研究课题则一般需要有市级及以上的科研骨干或高校研究

人员参与，可以让课题研究在落于实践的同时，有理论层面的思考与创新。

最后想强调的是，"三研"所说的自主研、互动研、引领研，不是结合课题研究的简单的线性推进过程，而是可以体现在课题研究研讨时的各个节点。比如在"方案论证"阶段，课题研究者应该先有自主研，即自己的独立思考与课题组团队的先期研讨；然后可以是互动研，即在学校里组织的方案修改交流活动中，与相近课题，甚至是其他课题的负责人进行研讨，分享思考的经验，探讨碰到的困难与问题，与其他的研究者共同商讨；当然也可以直接邀请相关专家助力思辨，规划研究过程，也就是直接组织"引领研"式的课题研究活动，以更加深入地思考研究内容，设计研究方案。

建议26：将成果展示推广做成常态交流研讨活动

我曾对某一年度区小学语文、数学优秀论文评比的结果作了一点分析，发现51篇获一等奖的论文中有将近三分之一的文章是参评教师基于课题研究的阶段性成果提炼而写成的。如果这一数据还没有直观显现出课题研究基础上提炼成的论文质量的话，那么另一个数据则充分说明了课题研究基础上论文写作的质量，即在这次区论文评选时，基于课题研究写成的小学语文、数学论文获一等奖的比率超过八成。显然，基于课题研究的教学论文写作，相对于没有以课题研究为基础的论文写作，质量还是高的。究其原因，应该与基于课题研究的论文写作具有选题新颖、思辨深刻与实践深入等三个方面的优势有关。

以这组数据为例，其实还想表达这样一个意思：学校的教育科研管理者如何引导教师作好课题研究的成果（包括阶段性成果）梳理，提高研究成果的质量？如何用老师们基于课题研究的优秀成果来带动学校里更多的老师去做课题研究，用课题研究的方式去探索解决教育教学实践问题的策略路径，并将研究成果提炼出来？

实践中，作为学校教育科研管理者可否形成这样一种管理理念：将成果（或阶段成果）展示做成常态的交流研讨活动？

一、基本理念说明

在学校的教育科研管理中，将成果展示做成常态的交流研讨活动有三个层次的意义。

(一)培养教师的成果提炼意识

这是对有立项课题在研究的教师而言的。学校的教育科研管理者们若能在课题研究的过程管理中提出这样一条要求,即只要是立项的课题,都必须经历一次在全校教师面前发布相关课题的研究成果的过程,那么,对于每一位有立项课题的教师来说,提炼高质量的研究成果便是重要的目标了。而正是在这样的目标驱动下,教师在课题研究实践中,需要扎实课题研究的过程,包括学习理论,进行深度思辨,结合实践进行尝试;需要适时作好提炼的意识,包括实践案例的分析,阶段性成果的总结;需要努力提升研究报告或成果报告的质量,以便展示时能给听众留下一个好的印象。

(二)给优质成果以推广的机会

优秀的课题研究成果应该有更多的推广机会。而现实却是,许多高质量的教育科研成果却很少有得以推广的平台。若对历年获市级二等奖以上的教育科研成果有否做过推广活动进行调研,估计推广率不会超过10%。许多优质的教育科研成果,只是作为课题组成员的研究收获,而没有在更广的平台上得以推广应用。事实上,教育科研的成果转化率并不高。学校的教育科研管理部门若能将成果展示做成常态交流研讨活动,必将让学校教师的研究成果在学校内部得到展示与推广,这也是一种基础性的成果转化方式,值得去做好。

(三)有助于提升日常教研质量

课题研究成果的交流与一般的教学研讨还是有一定区别的。传统的课堂教学研讨更多着重于课堂教学设计,着眼于教学实施效果的分析,最终落脚点在于教学实践的改进优化,其目标指向更多在于解决"怎么做"的问题。课题成果的展示除了有实践路径、实施策略的呈现之外,还需要有相应的理论架构与理性思辨,有实践成效的分析,更有创新性思考与推广价值分析,即成果展示不仅仅需要讲明白"怎么做",还需要讲明白"为什么这么做"的问题,需要有对问题及问题解决过程的整体化思考,更加关注教师专业的思辨，从而强化教师对专业的认同感，提升日常教学研讨的质量。

二、可以作为常态交流的研究成果

对于某项研究课题来说，成果一般表现为两类：一类属于阶段性成果，一类便是终结性成果。

阶段性成果的表现方式比较多，可以是研究课题的核心论文，也可以是课题研究过程设计方案，当然还可以是课题研究实践中产生的案例等。学校的教育科研管理者，可以根据交流研讨活动的目标，选取合适的阶段性成果作展示交流。比如论文《三备两研：以学教评一致性促教学设计力提升》，是由北京师范大学南湖附属学校吴宗叶主持的浙江省2021年度教研重点课题"学会设计：推进'学教评一致性'的实践研究"（项目编号：Z2021024）的阶段性成果[1]；而如实践案例《多通道赋能，提升教师的专业能力——以说课研修为例谈"线上线下"融合式校本教研》，则是由浙江省嘉兴市南湖区大桥镇中心小学朱利俪主持的浙江省教研课题"深度研修：'线上线下'混合联动式校本教研的研究"（项目编号：G2021172）的阶段性研究成果[2]。

课题研究的终结性成果一般包括两种：一种是研究报告（成果报告），一种是成果专著。对于基层学校来说，研究报告更多一些，专著则相对较少。作为常态交流研讨的成果，选取研究报告也相对比较合适。如《基于"五育"并举的课程表达——东北师范大学南湖实验学校"五向课程"的行动研究》是学校主导性课题浙江省教育科学规划2019年重点课题"聚核跨界：'五向课程'深度实施再研究"（课题编号：2019SB029）的研究成果。[3]

以上无论是阶段性成果，还是终结性成果，作为学校的教育科研管理

---

[1] 赵丽琴，吴宗叶.三备两研：以学教评一致性促教学设计力提升[J].浙江教育科学，2021（5）：51-64.

[2] 戴邵婷，朱利俪.多通道赋能，提升教师的专业能力——以说课研修为例谈"线上线下"融合式校本教研[J].浙江教育科学，2021（5）：59-61.

[3] 刘学兵.基于"五育"并举的课程表达——东北师范大学南湖实验学校"五向课程"的行动研究[J].人民教育，2020（8）：64-67.

者，在选作常态交流研讨的材料时，需要结合成果的性质、类型以及质量作出合理的选择。

三、优秀成果展示交流的平台搭建

提倡将成果展示活动做成常态交流研讨活动，并不是说要天天做展示，或者说周周有展示，而是需要学校的教育科研管理者作好规划，有计划、有层次、有区别地策划成果展示交流研讨活动。一般可以将优秀的课题成果做成校内展示、区域展示、纸媒展示以及网络展示等不同层次、不同形式的交流研讨活动。

（一）校内展示推广

校内展示推广是教育科研成果推广的相对较低级别的成果推广平台。一般展示的是低级别立项课题的研究成果，或高级别立项课题的阶段性研究成果。

校内展示推广的平台，又可以分为两个层次开展：一种是以学科教研组或者年级组为单位的交流展示；还有一种是面向全校教师的交流展示。一般来说，以学科教研组为单位的交流展示，总是结合着课堂教学进行的，可以称之为围绕课题进行的教学实践研讨活动。而以年级组或者面向全校教师的交流展示，由于会涉及课务问题，一般会以成果报告或案例报告的方式加以呈现，可以称之为基于观点报告的主题研讨活动。

因为成果是在校内展示推广，对于学校的教育科研管理者来说，从策划到组织相对较为便利，而且更易在校内营造常态的学术交流氛围，故而可以经常性地组织开展，甚至可以成为一种常规性的活动。比如规定每月有一次围绕课题进行的教学实践研讨活动；每月有两次面向全校教师的成果观点报告会，一般可以结合全体教职工工作会议，利用20分钟或半个小时，做一到两项成果的发布。实践表明，这样的组织方式，有可行性，而且也是比较有效果的。

（二）区域展示推广

一项课题研究成果若能在区域范围内得以推广，其研究成效相对来说被认可度较高。一般是在学校教育科研管理者的推荐下，或者是被区域教研员、科研专家认可有一定的展示推广价值的。

而事实上，能够在区域范围内作推广的成果，一般也是在市、区级的教育科研优秀成果奖评审中获得一、二等奖的成果。这其实也是一种向社会、向兄弟学校宣传推介学校办学成果的重要方式。作为学校的教育科研管理者，需要有将这样的研究成果向学校之外推介的意识与行动。

一是争取。学校的教育科研管理者可以将学校教师的优秀研究成果向区教育科研管理部门的关键人员作推荐，也可以向区教育研究室的相关学科教研员作推介，争取利用他们的影响力，组织相应的成果交流研讨活动，以给学校教师研究的优秀成果提供展示交流的平台。

二是结合。学校的教育科研管理者可以关注区域相关学科研讨活动的主题，当有合适的主题时，可以鼓励学校教师将优秀成果结合到区域的学科研讨活动中，借区域性的教学研讨活动展示教师的优秀成果。当然，这个过程需要与相关活动的组织者作好沟通，需要尊重组织者设计的研讨主题，不可硬加。

三是创设。学校的教育科研管理者可以主动发起区域性的成果展示交流研讨活动，邀请上级专业部门的学科专家与兄弟学校的领导教师参与，以推介学校教师的优秀成果。这样的活动一般可以每学期组织 1~2 次，可以以"学术节"的方式发出邀请，只要保证活动质量，这样的邀请也会得到兄弟学校领导、教师的认可和响应。

（三）纸媒展示推广

相对来说，与研究成果的区域展示推广的形式丰富、注重现场感的特点相比，研究成果的纸媒展示推广更加注重成果的文本质量。作为学校的教育科研管理者，在将学校教师的研究成果通过纸媒进行推广时，首先需要指导研究者打磨研究成果，充分提炼出研究成果的理论价值、实践价值与创新之处，以供阅读成果文本的学习者"读有所获"。

从实际的情况来看，学校教师的教育科研成果通过纸媒展示推广一般分为两种形式：一是新闻报道式推广，二是学术成果式推广。

新闻报道式推广，一般通过区域性的报刊（省市级甚至国家级的报刊），以研究成果的实践性与影响力为主要的呈现内容，突出了成果的实践特质，以及对教育教学（特别是学生学习过程与素养发展）产生的显性影响。

学术成果式推广，则是借助于省级及以上的教育教学类专业期刊上的学术论文、实践案例的发表，来展示推广相关课题研究的核心成果。这一类成果则是在注重教育教学实践性的同时，注重研究主题的理论架构与溯源性思考，强调基于研究假设的成果提炼，注重数据实证与研究成效的分析，突出研究成果的学术性。如前文谈到的赵丽琴、吴宗叶老师的论文《三备两研：以学教评一致性促教学设计力提升》，刘学兵校长的成果《基于"五育"并举的课程表达——东北师范大学南湖实验学校"五向课程"的行动研究》，以及戴邵婷、朱利俪老师的实践案例《多通道赋能，提升教师的专业能力——以说课研修为例谈"线上线下"融合式校本教研》等，均是体现课题研究核心内容的重要成果，既具有理论性，又有很强的实践性。在省级及国家级的期刊上发表，展示推广的平台也变得高大上了。

（四）网络展示推广

教育科研成果以网络展示的方式作推广，也是最便捷的。当然，对于成果的质量要求却也是不太高的。这一则与自媒体的发展迅猛有关，二来也与快餐式的浅层学习有关。这从现如今网络上展示的研究成果的总体质量上可见一斑。

研究成果通过网络媒体展示推广，一般可以通过微博、微信公众号以及一些区域性的网站实现。成果发布主体可以是学校教育科研管理者，也可以是课题组骨干成员。

事实上，作为研究成果的首先拥有者，通过网络推广展示研究成果虽然有着较大的自由度，但还是需要把握以下三个基本原则。

一是质量第一。这是研究成果展示推广的首要原则。研究成果代表着课题研究者们的学术水平，一旦呈现出来，至少要体现出研究者们现阶段研究相关主题的最高水平。

二是学术规范。研究成果是一种极为典型的学术成果，最基本的要求是尊重学术规范，表现为两个方面：借鉴引用别人的成果材料的必须注明出处；成果表述的语言尽可能严谨，符合用语规范。

三是追求创新。创新是教育科研的重要目标之一。作为一项研究成果，尽可能地表现出课题组在研究过程中努力寻找解决教育教学问题的创新过程与创造性成果，能使学习了这一成果的教师，从方法层面与结果层面感受到创新的意味，进而激发其借鉴与进一步探索的欲望。

建议 27：学校应努力建设好校本科研"资源库"

校本科研管理的对象既包括人，也包括事和物；既要"指挥"与"协调"人与人之间的关系，还要把握人与事、人与物的关系。时代发展到被称为"信息时代"的 21 世纪，信息资源和实践数据空前丰富，这对各级各类的管理者提出了极大的挑战。对于教育教学管理者来说，如何最大限度地收集教育教学信息、用好与教育相关的资源，让各类信息资源成为做教育科学研究、促进教育发展的重要利器，是现代教育管理的重要内容。校本科研"资源库"的建设，也是基于这样的背景提出来的。

一、学校建设校本科研"资源库"的意义

所谓科研资源库，是指将与教育科研相关的资源集中起来，组建一个类似于资源中心的平台。对于一所学校来说，科研资源库的表现形式可以有两种：一种是实体的信息资料库；一种是借助网络的电子档案资源库。学校建设校本科研资源库不仅有着重要的实践意义，还对于形成学校的科研氛围有着重要的促进价值。具体来说，学校建设的教育科研资源库具有科研资料、科研资源、科研智库等三个层次的意义。

科研资料，即科研资源库可以将学校教师的教育科研成果资料收入其中，既可以让这些研究成果作为资料得以长期保存，也可以成为学校发展进程中重要的见证性材料，记录不同阶段学校教师的教育科研状况。

科研资源，即科研资源库应该拓宽资料来源渠道，聚集更多的学校外部资源，丰富信息内容，从而可以成为教师实践教育科学研究活动时查找学习

材料，获取有价值资源的平台。由此可以说，校本科研资源库中的资源越丰富越有价值。

科研智库，即科研资源库还应该是一个集管理、研究、指导于一体的专业人员信息中心。因此，它还会有很强的互动性，可以成为教师间业务交流、学术展示及与专家对话的平台。从这层意义上讲，科研资源库还应具有向学校教师提供咨询、帮助教师作出判断运筹的功能。

二、学校需要建设的校本科研"资源库"

校本科研资源库是以学校为单位建设的，重点也在于为学校发展、教师成长提供专业支持。从实践来看，学校可以建立过程管理档案库、科研成果收藏库、信息资料集聚库、科研指导专家库等四种科研资源子库。

（一）过程管理档案库

过程管理档案库是指向于学校的教育科研管理的，是学校教育科研管理资料集中保存的平台。内容一般包括两个维度：

一是基于学校整体的教育科研相关资料。比如学校的顶层设计与科研规划；学校的各级各类立项课题从申报到立项，以及研究过程中的各种过程性资料；学校组织的与教育科研主题相关的各级各类活动资料。可以列出以下归档资料的清单：

（1）学校整体发展规划与教育科研顶层设计、科研规划。

（2）学校历年来的学期与学年教育科研工作计划。

（3）学校历年来的各级各类立项课题名录。

（4）学校历年来的各级各类教育科研优秀成果获奖名录。

（5）学校历年来的各级各类与教育科研相关的研修活动方案（包括申报培训、开题论证、中期交流、结题指导等）。

（6）学校重大课题（或称主干课题、主导性课题）与重点研究项目的从研究方案开始的所有相关资料。

（7）学校教育科研工作大事记。

……

二是涉及教师个体的教育科研相关资料。从学校教育科研管理的职能来看，整体规划设计学校教育科研工作与积极推动学校教师的教育科学研究活动，是两项基本内容。因此，在教育科研管理过程中，对于教师个体为主的教育科研活动资料的归档同样重要。这也是了解教师科研活动进程的方法之一。涉及教师个体的教育科研相关资料，同样可以列出以下归档资料的清单：

（1）教师个人的教育科研（或专业发展）规划（一般三年为一期）。

（2）教师个人主持的各级各类立项的课题研究方案。

（3）教师个人主持的课题研究过程性资料（包括文献政策类、理性思考类、实践案例类与数据分析类）。[①]

（4）教师个人主持的成果发表与获奖证明材料。发表的一般将杂志封面与目录、文章（复印原件）收录，获奖的一般需要将相关文件与获奖证书收录。

……

过程管理档案库的资料收入，一般以一学期或一学年为单位收入。当然有些学校的过程管理资源库是以电子档案的形式收入的，那么学校教育科研管理者随时可将管理类材料上传到电子资源库，同样也可以引导教师将课题研究过程性资料随时上传至电子资源库。在教育现代化迅速发展进程中，这样的资料归档方式，也终将成为所有学校加以利用的主要方式。

（二）科研成果收藏库

对于一些规模较小的学校来说，科研成果类资源可以归并到上一个过程管理资料库中。但对于一些规模较大，且教育科研成果相对较多的学校，单独建立一个科研成果收藏库也未尝不可。将教育科研优秀成果单独归类入库，更利于集中展示和同伴学习。

科研成果库收入的成果一般有两类：一类是实践性成果，一般以视频、

---

① 费岭峰.怎么做课题研究：给教师的40个教育科研建议[M].上海：华东师范大学出版社，2021：114-118.

图片等形式呈现；一类是理论性成果，一般以文本的形式加以呈现。学校的教育科研成果库的建设应突出两个特点：一是体现成果性；二是追求高质量。

体现成果性，是指在教育科学研究活动中获取的具有一定代表性或结构化的材料。追求高质量，则是指收录到学校科研成果收藏库的成果，可以是获过奖的，也可以是公开发表的，还可以是通过相应级别鉴定的。一般来说，这样的研究成果相对质量要高一些。

学校的科研成果收藏库，主要还是针对校内的科研成果的，也可以列出一份入库资料的清单：

（1）在各级各类优秀成果评比中获奖的研究课题的主报告。

（2）支撑各级各类优秀成果的实践性资料（比如课例录像、活动视频等）。

（3）围绕某项课题研究，在过程中提炼的发表于省级及以上专业刊物的阶段性成果。

（4）围绕某项课题研究出版的专著、成果集等。

（5）学校汇编的教师教育科研成果集，如教育教学论文、案例集等。

……

另外，在学校的科研成果收藏库建设中，对于入库的成果，一般可以用两种方式进行编码归类：一种是以年份为标准进行归类；还有一种是以级别为标准进行归类。当然，在实际的编码归类中，可以将两种标准结合起来，更利于查阅与寻找。

（三）信息资料集聚库

信息资料集聚库更像一个学习平台，从学校教育科研管理来说，如果说过程管理档案库与科研成果收藏库指向于学校内部资料收集的话，那么信息资料集聚库更多指向于外部信息与资料的收集。

作为一名现代教师，受到外部信息资源的冲击是不可避免的。学校的教育科研管理者在建设信息资料集聚库时，一是需要考虑外部输入资源的丰富性与多样性；二来也需要关注输入资源的质量与可参考性。作为校本科研资源库中的信息资料，在实际的收集中一般以下面四类为主。

（1）教育理论类资料。作为校本科研资源库，承担着为学校教师做教育科学研究提供学习资源的重要职能。而教育理论资源是教师做课题研究的重要学习资料，应该是校本科研资源库首先需要收入的资料。实际操作中，收录的教育理论类资料一般分为三种：第一种是国内外教育家的理论原著；第二种是国内教育学者们编著的理论解读类的著作，其特点是既有对经典理论解读的内容，还具有对经典理论的索引价值；第三种则是一线教育名师们撰写的教育学与教学法类的著作，具有本土化与实践性的特点，同样有利于教师学习与借鉴。当然，资料库可以与学校图书馆合作，资料编写好相关图书目录，教师需要时直接向学校图书馆借阅。

（2）政策文件类资料。校本科研资料库中当然不能缺少政策文件类资料。就拿"双减"来说，对于教师其实是个挑战，需要研究探索方法策略，以更好地落实文件精神。于是，由中共中央办公厅、国务院办公厅印发的《关于进一步减轻义务教育阶段学生作业负担和校外培训负担的意见》必须收录到资料库中。再比如说，由浙江省教育厅教研室下发的《浙江省义务教育学校教学管理指南》，作为地方法规文件，当然也是资料库收录的重要资料。

（3）优秀成果类资料与典型案例类资料。这两类资料直接指向于科研课题研究过程，可以作为教师做课题研究时学习的样本。这些资料的收集除了学校教育科研管理部门的关注之外，更需要通过全校教师的努力，才可能有丰富的资料收录。一则依赖教师的阅读，发现优质成果可向学校教育科研管理部门（教科室或科研中心）推荐，学校可以设置类似于优质成果推荐与奖励机制（类似于学习积分卡之类的奖励）；二则关注一些教育科研成果发布活动，以获取高质量的研究成果资料。比如，有老师参加了省里某所学校或某个部门组织的教育科研优秀成果推广活动，带回来的学习资料在这位教师阅读后，交由学校教科室，收录至校本科研的信息资料集聚库中更为合适。

（四）科研指导专家库

从校本科研资源库建设类别层次上来看，科研指导专家库建设更多着眼于学校教育科研管理"智库"的定位。资源的分类本来就有事物类资源与人力类资源。科研指导专家属于典型的人力资源。学校教育科研的管理者建设科研指导专家库的基本出发点，应该是建设一个专家指导团队，以帮助学校的教师解决教育科学研究中碰到的问题，引领教师做实课题研究，形成优质的教育科研成果。

从学校教育科研的特点来看，校本科研资源库中的科研指导专家库一般由以下几类人员组成：校内科研骨干与教学骨干，包括获得过区级以上科研成果与教学奖励的教师；校外科研指导专家，比如市教育科学研究所、区教育科学研究规划办等的科研指导专家；校外学科教学专家，比如学科教研员、学科教学名师（一般是获得市级及以上荣誉的教师）。

在科研指导专家库的建设中，最为关键的还是在于知晓相应专家的特长（即擅长的领域），编制相关专家名录，明晰专家的专业特长与指导特点，以利于在寻找课题研究指导专家时，有针对性地邀请指导，从而有效填补教师课题研究的空白。

三、建设校本科研"资源库"的注意点

以上关于校本科研资源建设的"四类库"，其实是总的科研资源库下的一种分类而已。实践中，有教师提出可以基于"教师学习生态网的问题库、资源库与行为库"建设[①]，其出发点也在于为教师提供足够的成长支持，对于学校的教育科研管理同样具有实践意义。现就如何建设好校本科研资源库再说几个需要注意的方面。

一是注重积累。资源库建设不是一蹴而就的，而是需要细水长流、逐渐丰富的。所以在建设过程中，一则需要将建设资源库的意义向全校教师说明白，得到大家的认同；二来需要给教师们作些培训，说明哪些资源可以入库，什么时候可以入库，以及怎样入库，以培养全校教师的过程记录与活动留痕意识，从而保障有价值的资源能够及时入库，成为资源库的重要内容。

---

① 邵妍凤.问题库　资源库　行为库——农村幼儿教师学习生态网的建构[J].浙江教育科学，2019（6）：54-57.

二是强调应用。资源库建设的真正目的不是"建",而是为了"用"。因此,用好资源库中的资源,才能体现资源库建设的意义与价值。作为学校的教育科研管理者,需要利用学校教育教学实践过程中的各种机会,及时应用资源库中的资源,为活动增色(表现在资源引用的便捷性和资源应用的丰富性上),为学校教师常用资源库的资源提供学习的范例。

三是定期整理。资源库建设并不是一劳永逸的,需要不断完善、不断丰富。同时,也因为许多学校在建设过程中,是主张由教师自主上传相关资源,因此需要学校的教育科研管理者定期作好整理与完善,以防止资源路径的重复、凌乱。特别是对一些纸质资源,更需要定期进行梳理,有些需要编码,有些则需要淘汰,等等。总之,目的只有一个,充分积累有价值资源,为教师用好资源、做好教育科学研究提供支持与服务。

建议28：让研究成为教师专业发展的自觉行动

很多教师在定位自己的时候，更多倾向于将自己定位为一位实践者。我们说，教师首先是实践者，但同样也是研究者。因为我们知道，在做备课、上课、作业批改、辅导学生等日常的实践事务时，需要去思考、研究工作的策略，比较怎样的做法才更有效，怎样的策略才更有针对性。教师唯有深入思考，扎实研究，才能真正做好实践层面的工作，保证实践的效果。作为学校教育科研管理者，需要发展教师思考问题、研究问题的意识与能力，努力将教师从一位纯粹的"实践者"培养成一位拥有一定研究力的"实践家"。

一、研究是教师把问题想明白的过程

我们首先来讨论这样的现象：老师布置了一个练习后，反馈时只是指定一位学生回答，便不再关注其他学生的作业状况了；有些老师的课上很少有"你听懂他（她）的意思了吗？""有不同的想法（做法）吗？""你能向他（她）提出问题吗？"等组织互动的语言；有些老师的课上则很少有"你能说说是怎样想的吗？""我们一起研究研究这种方法为什么是错的，错在哪儿了"等激活全体学生思考的语言。

其实这些现象表明教师是缺少对全体学生的关注的。而"关注全体学生"显然是一个不再新鲜的话题了，但作为实践者的教师，为什么还没有真正做到关注全体学生呢？具有思考与研究意识的管理者，可能会继续往下想：我们的教师真正理解了"关注全体学生"的内涵了吗？是否明晰在课堂上"关注全体学生"的行为应该具有怎样的特点？教师在课堂上应该怎样做

才算是做到了"关注全体学生"呢？

继续往下思考：课堂上，教师是否应该有引导"全体参与"与做到"全面了解"，才算是实施了"关注全体学生"的行为？由此，我们不难发现，课堂上"关注全体学生"的行动特征逐渐清晰起来了。

二、研究是教师专业发展自觉的过程

研究能够让我们逐渐想明白需要解决的问题，明白的过程中才能有所得，得到的过程中才能形成自己的教育风格特色，最终可以切实体验到职业生涯带来的成就感。而这就是所谓的"研中明，明中得，得中立，立中成"。

所谓"研中明"，就是能够透过现象看到事物的本质，能够思辨问题的实质，寻找问题解决的方法。一线教师进行教育科研的载体是课题。课题的产生源于教育教学实践中碰到的问题。对一线教师而言，做课题研究，其实就是去尝试解决问题，一来需要思辨问题的实质，二来需要寻找解决问题的方法。这个过程有利于教师对问题的认识更加清晰。比如关于学生的数学学科素养发展问题，一名数学教师如何才能做到对学生数学学习中学科素养发展的关注呢？引导学生经历怎样的数学学习过程，才算是不仅关注了数学知识技能的习得，还真正发展了学生的数学学科素养呢？如果能够结合诸如"学生数学学习素养发展与教学策略探索研究"这样的课题进行实践研究，需要教师有对数学学习素养内涵及其意义的深度理解，又需要有对数学学习素养培养路径的实践探索，更需要有围绕主题的大量的扎实研究，探索相应的策略方法，这也便使得"如何在数学学科教学中发展学生的学科素养"这一问题解决的意义与路径变得清晰起来，也会有解决此问题的可能了。

"明中得"，则体现的是从理念的明晰到行为能力的提升，也就是说不仅仅明白了，还能够去做，解决这些问题的能力变强了，是从认识层面到行为状态的一种改变。教师的专业成长当然不只是理念上的转变与发展，更应该在行动上得以发展，能力上得到提升。教育科研的过程，正是一个教师进一步学习、扎实开展实践、深入进行思考的过程。在这个过程中，时常有理念与行为的冲突，有实践行动的磨砺反思，当然更会有教育方法的改变演进。

于是，作为研究主体的教师，自然会有教育教学理念的更新，教育教学能力的提升。如果说教师对教育教学问题的"明"更多体现在认识层面的话，那么，"得"的境界则是行为状态的改变了。

"得中立"就是在系统思考和行动体验后，个人的教育教学行动会更具有理性色彩，体现个人的风格。此时，教师如果能够将在研究过程中获得的解决问题的方法策略，在教育教学行动中作进一步的尝试和应用，使其内化为自身教育教学素养的重要组成部分，那么，假以时日，教师便能够站在更高的角度去思考教育问题，突破教学困境，从而形成具有个人色彩的教学风格，也便有了"得中立"的意蕴了。

"立中成"能够更多体现对自身专业的价值认同，问题清晰了，甚至解决了，在这个过程当中，教师也获得了专业成长。我们说，一名教师的成功，不应该简单地表现在获得了多少荣誉，或是任教班级学生的考试成绩多么优秀。教师专业成长的最高境界，应该是对专业的自我认同。唯如此，他对职业的幸福体验才会是自发的，是长久的。而教育科研的过程是一个集专业学习、学术思考与成果总结、能力提升于一体的过程，这期间有扎实的实践活动，有科学审慎的研究态度，还有客观明晰的自我认知，更会有实践成果获得认可带来的成功体验。

三、研究是系统思考与实践的过程

对于一线教师来说，系统的研究需要借助课题。通过课题研究对问题进行系统思考，深度解决。因此，一线教师做课题研究的过程，也就是一个不断思考、实践、再思考、再实践的过程。

我们继续以"关注全体学生"这一话题为例往下思考，新的问题又随之产生：想让学生全体参与有哪些策略和方法呢？要做到全面了解又有哪些策略和方法呢？

实践中，关于这两个问题的解决，我们可以先提出一些假设，然后去尝试实践，结合实践的过程对实践的策略和路径进行修正、提炼，形成一般的方法，而这些一般的方法便可以进行再应用或作推广。而这个过程，我们可以总结为"提出假设,尝试实践,提炼策略,应用推广"四步行动研究法。显然,对于教师来说,这个过程就已经是一个系统思考的过程了。

继续思考。先看"组织全体学生参与",我们可不可以有这样的一些方法呢?第一,设计全体学生完成的任务,让大家一起做。第二,提出全体思考的问题,让大家一起想。第三,给予全体学生行动的时空,让大家一起动。

然后,我们继续思考,三个问题还可以细化为——

(1)如何设计全体学生完成的任务?这样的任务会有怎样的特征呢?是体现为"大概念"式,还是突出了"综合性学习"的特质?如果是,那么又该如何设计呢?操作的过程当中是用结构完整的材料,还是用结构不完整的材料呢?是生活情境的材料,还是学科性较强的材料呢?

(2)关于提出全体思考的问题,大家一起想。"大家一起想"的问题有什么特征呢?是不是需要有一定的思维挑战性?简单的问题有些人想都不愿意想;挑战性太强的问题,后20%的学生可能不想去想。所以说,我们要去思考怎样的问题才能够让全体学生共同来思考。如果我们找到了这样的特征,那么又该如何来设计呢?在操作技术上,问题开放度大概有多大,是不是要以问题串的方式来设计呢?这就进一步把问题细化,整个过程变得很有操作性。

(3)再来看"给予全体学生行动的时空",我们就要想这样的时空有什么特征,心理安全感与舒适度应该是怎样的,学生到底应该是紧张还是适度紧张等,设计的过程当中我们希望学生独立完成还是有合作,这些都需要我们仔细考虑和实践尝试。

再看第二个问题,关于如何做到"全面了解",我们可以采用这样四种方式:即时有序的巡视、发现典型的方法、了解思考的过程、关注存在的差异。

这四个方面也要去想怎么操作,操作的过程当中要注意些什么。"全体参与"从任务、问题、时空三个方面切入,这些其实都是假设,需要我们通过尝试、实践、总结得到一个成果。因为有实践、有过程、有经历、有数据在支撑,我们的操作和策略就更具有科学性和说服力了。

四、研究最终还是教师生命力成长的过程

一名教师，当其将教育科研作为自己工作生活的重要组成部分之时，他更能真切地感受到教育教学的研究过程，也是促其专业可持续发展的过程。我们知道，与社会发展一样，教育的发展同样充满许多不确定性，教育问题的解决与教育规律的发现应该是在不断探索、不断实践中完成的。教师有责任，也须有能力成长为一名教育"真问题"的敏锐发现者，需要解决应然与实然间的矛盾冲突，需要把握整体与局部间的内在关联，需要将"问题"转化为"课题"进行实践探索，寻求策略加以解决。

比如，当下热门的话题——"双减"。这其实就是一个"应然"与"实然"间产生矛盾冲突的问题。国家政策文件规定"双减"，是看到了教育现实中存在着的学生学业负担过重的问题，于是如何"减量不减质"便是需要一线教育实践者、一线教师们共同思考与解决的真问题。

于是，我们知道在实践过程中，需要去对作业设计与应用进行研究，需要去解决作业的"减量提质"问题。对于能够敏锐地把握教育教学矛盾的教师来说，也便能想到这样一些教育科研的选题：

方向一，课内作业的"有层次"设计；

方向二，课后弹性作业的设计；

方向三，基础作业与挑战性作业的合理搭配；

方向四，实践性作业的设计与应用；

方向五，作业评改中的激励性策略。

当然，我们可以进一步来思考，虽然教育教学的改革尝试是推动教育发展必不可少的过程，结合热点做研究选题也最能体现教育科研的创新意义，但这些选题研究是新的吗？对于大部分教师来说，可能是新的要求，但对那些具有前瞻的视野，能够敏锐把握教育教学本质内涵的教师来说，也许已经在多年前就对这些选题（也是教育教学实践中的"真问题"）做过深入研究，并已经有成果运用于实践。已经在"轻负高质"的道路上行走了多年的教师，还会担心"双减"中关于作业的要求吗？答案不言自明。所以当我们的研究具有一定的前瞻性的时候，符合教育教学发展规律的时候，抓住教育教

学发展过程当中难点的时候，我们就已经走在其他人前面，这就是研究"真问题"的意义，当然也是教育科研促进教师生命力成长的"力量"的体现。

总之，教育科研的过程是一个集专业学习、学术思考、成果总结与能力提升于一体的过程。这期间有扎实的实践活动，有科学审慎的研究态度，还有客观明确的既具有自我认知，更有实践成果获得认可的成功体验。所以通过教育科研这种相对专业的途径获得专业成长的教师，会有更高的职业认同度，也更易激发自身自觉发展的意识。

"科研管理"示例

学校"以校为本"科研顶层设计与实施*

科研是教师成长的必由之路。苏霍姆林斯基说:"如果你想让教师的劳动能够给教师带来乐趣,使天天上课不至于变成一种单调乏味的义务,那你就应当引导每一位教师走上从事研究这条幸福的道路上来。"基于此,学校在校本科研的设计中,将学校及周边现有的人文、环境、地域等资源进行问题发现、遴选,结合地方特色、校情、学情而展开研究,打破科研"高大上"的运营模式,由"问题"转化为"课题"进行研究,形成有助于教师主动发展的新路径。

一、学校"以校为本"科研的顶层设计

(一)四级科研管理结构

学校从整体上构思并制定学校教科研工作的总体规划,形成了以"教育科研领导小组—学校教科室和教务处—学科教研组—课题组"为核心的四级科研管理网络(见图1)。

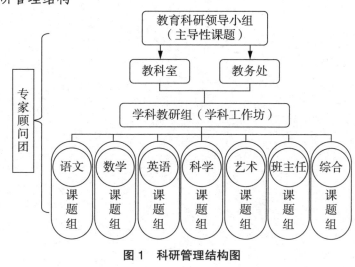

图1 科研管理结构图

---

* 此文获浙江省嘉兴市2021年度优秀教育教学论文评比一等奖,作者为浙江省嘉兴市南湖区凤桥镇中心小学教科室主任陈丽君,选用时有删改。

以"办一所富有江南文韵与希望生机的新优质学校"为办学愿景,围绕"凤栖嘉木,筑梦启航"的办学理念,形成了学校教育科研的主轴,确立了"优势教育:新优质学校'活力育人'路径研究"的主导性课题。在核心课题的引领下,发现育人过程中的问题,形成各个分支课题,开展主题性科研活动。

(二)三级科研转化结构

苏霍姆林斯基说:每个人天生都是一个研究者和发现者。不管是年轻教师,还是中老年教师,科研对每个教师来说是平等的职业权利。但在现实背景中"权利"并不等于"资格"。由于资源的有限和实施的难易,课题需要申报,获得"批准"后方能有"资格"晋升。一项科研成果,不管是课题还是论文的选题,从年级组、学校、区级一级级申报上去,尽可能使学校的校本科研达到最优化的成果。

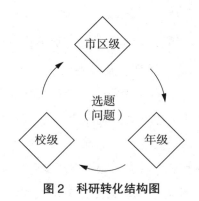

图2 科研转化结构图

(三)三级梯队组织结构

基于学校名师、学科带头人资源稀少的特点,学校借用"本土"师资力量,壮大教师研究队伍,组建了多个学科工作坊,由市区名师、学科带头人主持引领,以点带面,辐射全体,教科室介入,以抱团形式开展科研工作,调动每一位教师参与科研的热情。

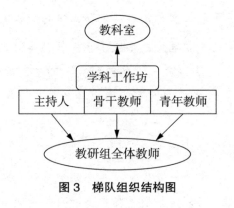

图3 梯队组织结构图

二、学校"以校为本"科研的问题遴选

选题的关键在于选择有价值的问题。"没有问题,就没有研究;没有真问题,就没有真研究。"[①]要解决问题,首先需要发现问题,遴选问题。课堂、学生、环境等都是校本资源,要善于发现,及时挖掘。

(一)从课堂出发,精心遴选教学中发现的问题

教师在课堂教学中发现问题,是最贴近教师日常工作的,也是最值得教师关注的。教学中,受各种因素影响,问题就存在于课堂教学过程之中。如,导学案的预设与真正的教学之间的差距,为什么会产生这样的差距?如何改变它?再如,学生的质疑能力不够深入,这是为什么呢?有什么办法改变呢?我们经常会听到教师在教学后跟同年级组的教师讨论疑难问题,那么就让教师在平时的课堂教学中发现问题,并记载在"教学问题"研究表中,自行梳理出有价值的、值得研究的问题进行研究。

(二)从学生出发,精心遴选教育中发现的问题

教师在课堂教学情境中发现问题,同样在对学生的日常教育中也会发现问题。每年区里有班主任育人课题的申报。对于学校的班主任老师来说,乡镇学生便是很特别的"校本资源"。我们对学生的教育不仅是学科教育中的知识传授、能力培养,也有学生学科教学之外的教育改变和管理,涉

---

① 李冲锋. 教师如何做课题 [M]. 上海:华东师范大学出版社,2013:20.

面很广泛,比如:后20%的学生如何提升?心理上有自虐倾向的孩子怎么教育?……我校教师从学生的特点出发,在市区级立项"体验取向:小学生责任担当涵养策略研究""一编三定:提高学生自控能力的实践研究"等课题。

(三)从跨科出发,精心遴选活动中发现的问题

学校当地资源丰富,针对本地生源特点,开展具有校本特色跨学科活动。从学科交叉的角度思考看待事物,往往能够发现一些新的、有价值的问题,这就为寻找和发现新的问题提供了可能的空间。教师带领学生在本地研学时感受小镇文化的魅力,于是开展了"文化传承:小镇课程群的开发与实践研究";教师在科学课上组织学生进行长周期观察,发现可以让学生亲历体验长周期观察,于是开展了"基于'西瓜一生'培养学生长周期观察力的实践研究"。丰富的校本资源,为教师做研究提供了良好的条件。

三、学校"以校为本"科研的实践路径

问题驱动教学法适用于学生的主体发展。其实,教师的发展也需要问题驱动实践来实现。在进行科研活动时,我们首先确定研究的问题,围绕问题进行学习、实践、研讨,使得科研更具实效性。

(一)问题驱动学习,指引"校本"科研航向

中国先哲孔子说:"学而不思则罔,思而不学则殆。"在确定选题后,老师就要去找理论资料来支撑研究。在这个学习过程中,学校教科室组织课题组成员通过嘉兴市数字图书馆、中国知网等渠道搜集主题性资料,也通过学校为教师订阅的教育教学杂志,以及假期购置的《植根教育实践的多样化研究:南湖区"自主微型研究"优秀成果集》《项目化学习设计:学习素养视角下的国际与本土实践》等进行阅读查找,"众人拾柴火焰高",在各自的阅读中,开拓研究视野,指引研究方向。

(二)问题驱动实践,驶入"校本"科研航道

教师在围绕问题(课题)进入实践研究阶段时,以课堂为主阵地,采用一课多研的方式,凸显"校本"研究特色,在研究中升级,反复修改完善研究策略,以达到最优化。一课多研有三种形式:

相同学案多人研究：课题组集体备课后，让组内不同的教师发挥自己的特长，在不同的班级教学，而后围绕问题进行教后交流。这种课堂实践体现了研究人员、研究对象的多元化，适合于验证问题解决策略的可操作性。

不同学案多人研究：课题组成员选择有较大研究价值的同一文本，同课异构学案，并进行课堂教学实践。教学完毕，各教师根据教学所得，共同分析各自设计中最有利于问题解决的操作策略。这种研究方法，体现了学案和研究人员的多元化。

相同学案专人研究：集体备课后，由课题组指定的一位老师到多个平行班级上同样的内容，每上一次，改进一次学案。这种研究方法体现了在研究人员单一的情况下研究对象的多样化，适合解决研究过程中出现的难点问题。

（三）问题驱动反思，靠近"校本"科研航标

教师个人需经常性地对自己的教育信念、教学理论、教育教学经验进行反思，深入剖析自己的教育教学实践行为。[①] 教师在实践—认识—再实践—再认识的反复过程中，促使自己不断思考。教师时常进行教学反思被认为是"教师专业发展和自我成长的核心因素"。以问题驱动反思，目的旨在让教师反思自己的行为，并作出策略改进，从而为专业成长注入活力。

四、学校"以校为本"科研的问题应对

在学校推进校本科研管理时，教师出现了众多的不适应，教科室在工作时也会很茫然。幸好我们有健全的组织，有上进的教师，更有一群志同道合的研究者在路上，使得"校本科研"实践"柳暗花明又一村"。

（一）选题确定，运行三级梯队

教师在发现问题之后，如何从众多的问题中筛选出适合当前课改的、有价值的、值得探究的问题呢？我们启动了科研组织机构成员联合进行逐层筛选机制。首先将这些问题整理后由该学科年级组长负责，组织进行问题筛

---

① 刘旭，赵敏. 论教师团队学习力的修炼之道 [J]. 上海教育科研，2021（4）：32-37.

选，主要是辨析问题与问题域、真问题与假问题，从而选择教育教学研究选题中的真问题。① 随后，将由学科坊团队成员进行再梳理，在真问题中选择可研究的问题，最后由教科室把关，确定研究选题。

（二）增强互动，促进主动参与

学校的很多教师惧怕科研，即使有了自己的想法也不愿意表达。为了改变这种现状，做到人人敢表达，人人表达有观点，教科室想方设法调动教师的表达积极性。最初，我们只是采用最"土"的抽签方式，将每位教师的名字标签放入盲盒，研讨时先由组长随机抽取，抽到者围绕问题发表自己的看法；随之发言的老师抽，以此类推，让每一位参加研讨的老师都思考起来，进行思维的碰撞。现在的互动研讨中，我们的教师会抢过话筒，主动参与到问题讨论中来了。

（三）团队研磨，塑造共研文化

2019年11月，教育部发布《关于加强和改进新时代基础教育教研工作的意见》，提出要"创新教研工作方式"。学校校本科研并不是一个人的单打独斗，我们有一个群体在齐心协力奋斗。近几年，学校成立了以学科工作坊为首的教育科研小组，形成了"名师—骨干—青年教师"三级研究队伍。教科室每学期初都定期召开学科坊主持人会议和科研小组成员会议，助力学校课题方案的打磨、课题成果的研磨。还在本校团队打磨的基础上，邀请市区级专家教师进行高位引领，在伙伴共研中，良好的校本科研文化逐渐形成。

"教而不研则浅，研而不教则空。""校本"科研，就是从我们身边开始，立足课堂，立足学校，立足身边的人和事，真真实实找问题，简简单单定选题，实实在在做研究，不断探索"校本"科研设计与实施路径，让科研落地生根。教师获得自身发展的同时，发挥科研骨干辐射作用，为提升学校整体科研水平贡献力量。

---

① 李冲锋. 教师如何做课题 [M]. 上海：华东师范大学出版社，2013：31.

第五章

骨干团队建设

团队思维的最大价值是能够利用团队的力量充分激活群体中每一个个体的最大潜能，使其发挥尽可能大的能量，为团队的发展作出贡献。优秀教师团队建设是每一位教学管理者的重要任务。

——"教学管理的行与思"

建议 29：学校需建设优秀的专业骨干团队

学校作为一种社会组织，其内部也会有相应的机构，有不同的管理层级，当然也就会有相应的教师团队。比如，校级领导团队、中层管理团队、年级组、学科教研组等。学校教师团队的建设应该是学校教育教学发展的基础性工作。这些教师团队在学校管理中，虽然有为学校的发展、学校教育教学质量的提升共同努力的总体目标，但在具体的工作范畴却又有着目标上的差异。比如年级组的工作目标，更多指向于本年级组内教师日常教学工作的管理，使其能够正常地运行；而教研组的工作目标，则更多指向于某学科或某年级学科组的日常教学工作的规划与教学问题的探讨解决。因此，从学校管理的角度来看，在明晰了学校发展的主体方向的前提之下，需建设优秀的专业骨干团队，努力引导承担着不同的工作任务的教师团队作好自我定位，寻找到体现本团队工作性质，适合本团队发展的路径，从而实现团队发展，助力团队成员的专业成长。

一、专业骨干团队建设是学校教学管理的重要内容

骨干教师、优秀教师当然是学校的重要力量，而优秀的专业骨干团队更是学校发展的中坚力量，是学校赖以生存的基石。培育学校教师中的专业骨干团队，应该是每一所学校教学管理的重要目标之一，也是每一位校长实践教学管理的重要内容。

（一）群体发展带动个体成长

首先，群体的组成单位是个体。我们知道，有时候优秀个体的发展可以带动一个团队的发展。比如经常会出现这样的现象：一位名师带动了一个学科教研组的发展；一位优秀校长办成了一所很有特色的学校。但我们更多看到的是，一所办学有特色、教学质量高、社会影响力比较大的学校里，会出现更多的优秀教师，会产生更多的有影响力的专家教师。后一种现象表明，优秀的群体可以更好地带动个体的发展，让更多的个体成长为优秀的个体。道理其实也比较容易理解，教师群体的良性发展可以带动教师个体的成长，激活教师个体发展的内生动力，优秀的骨干教师团队中，能够让每一位教师感受到优秀的特质，体会到成长的力量。

（二）群体发展激活整体效应

关于"群体"，勒庞在《乌合之众》中给出了定义，"是指两个或两个以上的人，为了达到共同的目标，通过一定的方式联系在一起进行活动的人群"。从整体上来看，勒庞在《乌合之众》中对于群体的价值定位显然是片面的，但他对群体的心理特征描述仍是值得借鉴的。他表示，群体会形成一种"集体心理"；群体不是个体属性的总和，而是"如几种化学元素化学反应后形成的新物质一样"，会产生"新元素的基本的、特有的属性"。[1] 一句话，当群体的力量被激活，其效能将会强大许多。群体的发展显然能够激活整体效应，骨干教师团队的建设对于学校的整体发展来说，是必不可少的。许多有影响力的学校，除了校长办学有思想、有能力之外，更会有优秀的教师团队，比如有前瞻的眼光与科学的管理思想的管理团队，有扎实而深入地研究问题的学科教研组团队，有富有朝气的、健康向上的青年教师团队……这些团队的正能量释放，一定能够让学校的影响力更强。

---

[1] [法]古斯塔夫·勒庞.乌合之众：大众心理研究[M].夏杨，译.北京：商务印书馆国际有限公司，2011：3-6.

二、学校须着力建设的专业骨干团队

学校建设优秀的专业骨干团队是学校发展的应然之举。毋庸置疑，对于学校整体发展来说，校级领导团队是首先要建设好的团队，即需要团队成员形成学校发展的共识，明晰共同努力的方向，需要对学校高质量发展的内容、策略、路径等一系列工作统一认识等。这里主要针对以下四种学校管理实践中需建设的教师专业骨干团队作一些讨论及建议。

（一）中层管理团队

学校组织结构中，中层管理团队主要是指教导处、教科室、总务处等处室。当然，由于现代学校管理发展的进一步细化，有些学校可能会形成新的中层组织架构形式，比如有些学校将中层处室以教师发展处、德育管理处、课程建设处、科研信息处、后勤保障处等架构。不管哪种架构方式，关键还在于结合学校特点，在体现学校办学特色的同时，有利于应对时代发展的需求，顺利推进学校条线工作，最终为学校的整体发展、为师生的素养发展服务。

从管理分工与对象来说，学校各中层处室会有所侧重，作为相应部门的管理者，其所涉及的专业知识也会有所不同。但作为同一所学校的中层管理科室，在实际的工作进程中，必然会存在合作，需要有共识，有沟通，有协调，有互补。从大处说，学校的所有工作都指向于学校的整体发展；由小处说，科室间经常会有共同完成学校某项具体工作的需要。因此，学校中层管理团队的建设，显得极为重要。

学校中层管理团队建设的核心，除了各自条线专业知识的学习与强化之外，更为重要的还在于培养合作共赢的意识、协同作战的能力。优秀的学校中层管理团队的成员一般具备"一带多""积极配合"与"及时补弹"这样三种基本的能力。

"一带多"指的是学校以某个部门处室为主进行的条线工作过程中，需要有其他中层科室协同时，相关处室的责任人"带动"其他处室一同完成工作的能力;"积极配合"则是指相关处室属于配合工作时,处室责任人便需要有"配合工作"的意识和能力;"及时补弹"更多是指由于责任处室在工作推进中对某些方面的考虑不足,造成工作过程中发生了意外的情况时,配合处室的责任人能够及时补救,以尽量减少失误造成的损失或负面影响。比如有些常规管理督导类的工作,一般由学校教务处负责,教科室、课程室进行配合,此项工作中教务处的责任人的协调、沟通显得极为重要,而教科室、课程室等处室的相关责任人,需要积极配合,甚至有及时补弹的意识;同理,当涉及科研条线的工作时,整体工作的展开便会由学校教科室的责任人来规划与具体组织,其他处室同样需要作好配合与补弹的准备。

(二)学科教研组团队

从学校的组织结构来说,教研组也叫学科组,隶属于教导处[①],全称为"教学研究组",在1957年1月21日中央教育部发布的《关于中学教学研究组工作条例(草案)》中就有规定:教研组不属于行政组织的一级,"它的任务是组织教师进行教学研究工作,以提高教学质量,不是处理行政事务"[②]。实践表明,学科教研组是学校学科建设依赖的基本团队,是某门学科教学质量保障与形成特色的重要组织。

学科教研组人员的构成与学校的规模有一定的关系。规模较小的学校,任教相关学科的教师组成相应的学科教研组团队,比如语文教研组、数学教研组、体育教研组等,成员较多的教研组人数也就十来位教师而已,比如有些规模在15个班以内的学校,每个年级也就两三个班,按每个班由一位语文教师任教来看,最大的语文教研组也就15位成员而已。有些技能学科的教研组成员则可能只有一两位教师,比如信息技术学科,这时候综合教研组也就应运而生了。

规模较大的学校则不同,学科教研组的结构相对比较复杂些。有时候某一学科的教研组还会分成年级学科教研组。比如,区内一所规模最大的学

---

① 鲁洁,吴康宁.教育社会学[M].北京:人民教育出版社,1990:366-367.
② 萧宗六.学校管理学(第三版)[M].北京:人民教育出版社,2001:324.

校，一个年级就有 22 个班，按每个班由一位语文教师任教来看，最大的语文教研组一个年级就有 22 位成员了，全校一个教研大组则会有超过 100 位的教师，很多时候对于研究探讨问题不太有利，于是需要解构成年级学科教研组。

当然，不管怎样的学科教研组，均需要明确作为学科教研组的价值与职能。作为教研组内的一名成员，需要为建设好学科教研组团队作出努力。学科教研组团队建设也是有一定的基本要求与方法的。比如需要有明晰的教研组目标，需要有教研组工作计划，需要有相应的活动设计，还需要有团队成员绩效的考评等。实践表明，最佳的教研组团队一般具备有核心、有氛围、有绩效三个方面的特点。

有核心指的是教研组内有核心成员，这也是带动整个教研组团队健康发展的关键；有氛围是指有研究与探讨的氛围，优秀的教研组团队一般是以研究与解决教学问题为主导，并能够形成常态化的研讨机制，提升正面导向的功能；有绩效则是相关教研组在团队的共同努力之下，能够切实解决教育教学中的问题，提升教育教学的质量，并且有促进自我效能感提升的显性成果。

一个具备以上三个特点的学科教研组，一定是一个优秀的教研组，其团队成员的素养也会在建设中不断地成长。因此，作为学校的管理者，需要在学科教研组建设中，努力引导各个教研组将以上三个特点作为教研组建设的重要目标来定位。

（三）名师骨干团队

在团队成员的构成上，学科教研组更多是纵向层面上的组合，是基于学科的；名师骨干团队则是横向层面上的构成，是超越学科的。在学校教学管理中，如果说学科教研组是学科教学研究的基础性团队，那么名师骨干团队就是学校教育教学活动高质量提升的引领性团队。

对于一名一线教师来说，名师之名，在于专业，在于学科教学水平的体现。这里所说的名师骨干团队成员的构成与学校整体的师资队伍相关。一些规模较大的学校中具有相应的学科专业荣誉的教师较多时，名师骨干团队自然也就由这些教师组成，成员也会相对较多；一些规模较小的学校，此类教师相对较少时，名师骨干团队一般由学科骨干教师组成，成员一般也会相对较少。但不管是以哪一层级的名师或骨干组成的名师骨干团队，总会有跨学科的特点利用与促成长的目标定位。

先来看跨学科的特点利用。"教师专业发展，必须确立超越的理念——超越学科，超越单一的知识结构。如果局限于学科，教师的专业发展很难有新的突破。"[①]将学校里不同学科的骨干或名师聚集起来，组成团队。一则可以利用他们不同的学科背景，在组织学习的过程中，站在不同学科的角度上交流学习体验，会打破学科壁垒，拓宽学科视角，有利于团队成员形成更加完善的知识结构；二来也能利用名师在学科教研组中的引领作用，将跨学科的学习与交流中习得的经验应用到学科教研组中，实现教研组成员的群体共享，完善整体教研组团队成员的知识结构。

再来说促成长的目标定位。在专业上，名师与骨干要不要再发展，能不能再成长，其实也是一个很值得深入研究与探索的问题。"要"不等于"能"。有时候，某一学科的名师在学校的相应学科组内已经成为了带头人，影响着本学科教师的发展，但对他自己来说，却缺少了进一步提升的引领者，自身想发展时似乎也没有了方向。此时，学校建设名师骨干团队，便可以为这些学科名师提供解决问题的方法。"名师发展要从个体走向共同体。"[②]因为有了团队，也便让各学科中的名师有了超越学科的更高层次的对话平台，有了跳出学科看成长的机会，有了基于差异化交流的专业发展的视角与空间。

于是，名师再发展的过程，同样可以推动相应学科组的更高水平发展。

（四）师徒学习成长共同体

从专业骨干团队的定义来看，师徒学习成长共同体似乎还不能算是学校的专业骨干团队。但从团队建设的意义上来说，此学习成长共同体在学校的

[①] 成尚荣. 名师基质 [M]. 上海：华东师范大学出版社，2018：12-13.
[②] 同①：122-123.

教师发展过程中，有着重要的作用。

师徒学习成长共同体，简单来说，就是结成对子的师徒群体。有时是"一对一"，有时是"一对多"。特别是骨干教师相对较少，而新进教师相对较多时，一般会采用"一对多"的形式结成师徒对子，师父教师一人，徒弟教师可以是多人。当然，有时因为新进教师担任多门学科或多项工作，师徒对子也可以是"多对一"，即不同学科或工作的师父带一名徒弟教师。

当将师徒结对命名为"师徒学习成长共同体"，其意义也拓宽了，即将原本简单的"师父带徒弟"的传授、教学、指导的工作性质转换成了"共同学习、共同探索、共同成长"的合作式团队。这不单只是名称的变化，更是理念的变化。其本质特征应该是专业的共同发展。

建议30：以"品牌建构"的理念建设学科教研组

"品牌是一种组合体，它由内隐要素（即个性、气质、氛围等内隐的、无形的要素）和外显要素（即文字、标记、符号等识别要素）共同构成。"[①] 相对来说，内隐要素是品牌的核心部分，体现着设计者的理念、文化等精神层面的东西；外显要素则是品牌内在品质物化的表达。

在前文中谈到，学科教研组的全称是"学科教学研究组"，不属于行政组织的系列，不处理行政事务。学科教研组的常规性工作应该是教学研究，通过教学研究解决教育教学实践中产生的问题。这样的任务定位，有利于形成个性化的特质。

一、树立"品牌建构"理念对于学科教研组建设的意义

学科教研组作为学校基本的教师专业研究团队，既需要努力完成本团队的常规研究工作，更需要发挥基层团队的实践特色，聚焦实践问题，切实解决教育教学中的实际问题。实践表明，以"品牌构建"的理念建设学科教研组团队有着两方面的意义。

一是基于对"校本研修"形态的重新认识。校本研修是一种基于学校的、为了解决学校和教师在教育教学实践中所面临的问题而开展的行动研究方式。教研组团队作为校本研修的主体，既是校本研修的参与者，又是校本研修的推进者。校本研修中，学科教研组团队的作用举足轻重，教研组团队

[①] 黄浏英，李菊霞，林翔.餐饮品牌营销[M].沈阳：辽宁科学技术出版社，2003：34-39.

建设与组内教师个体的专业发展是否协同共生，取决于教研组团队发展目标与组内成员个体发展目标的协同度。构建教研组品牌特色，在聚焦研究问题的同时，更是一种促进组内成员思想沟通、整体认同的有效策略。

二是源于对教研组建设理念的基本认同。借鉴企业或产品"品牌"的定义，我们说品牌不仅是企业产品的标识，而且还代表了企业产品的形象和气质，既有外显的文字、符号等要素，又有内隐的、无形的"气质要素"。当我们在关注学校教研组团队建设外在的人员构成与内容确定的同时，更需要对该团队内在的氛围、理念及文化的形成给予更多的关注。这正是以"品牌构建"理念建设学科教研组的根本意义。唯有对团队发展理念的认同，才能有团队特色的形成与整体价值的提升。

二、学科教研组品牌的形成阶段

结合品牌建设的理念，学科教研组品牌的构建，也应该从两个方面来考虑：一是外显的要素，每个教研组应该具有自己的品牌名称、口号等；二是内隐的要素，即个性特点、研究的气氛、共同的教育（教学）理念等。

从企业或产品品牌的成长过程来看，品牌成长应该包括两方面的成长：一是品牌内涵的成长，随着品牌的不断成熟，其包容性不断扩大，将由产品品牌发展成为企业的品牌，甚至是行业的品牌；二是品牌知名度的成长，随着品牌的不断成熟，品牌的知名度将从较小区域范围扩大到较大的区域范围。以此来看待学科教研组品牌的成长过程，可以分为三个不同的阶段。

（一）品牌名称确立阶段

学科教研组品牌形成的初级阶段，也是教研组品牌建立的困难时期。因为一个教研组要确立自己的品牌，需要对自己教研组团队有一个充分的认识过程，对教研组内各个成员有一个充分了解的过程，以及相互融合与相互认可的过程。与此同时，还要有一个明确的教研组奋斗目标，共同理解并认可的目标。

当然，教研组品牌的确立需要适合自己，是与组内成员共同关心的内容直接相关的。所以在教研组品牌确立的开始阶段，我们可以围绕教研组成员共同关心的话题（如课堂教学特色、学生行为习惯等）开展一系列的讨论，进行一些专题学习，从而给各个教研组以充分的时间讨论确立本教研组的品牌。

（二）品牌内涵增值阶段

当学科教研组有了自己的品牌名称之后，这只是有了一个教研组品牌的识别标记。一个品牌只有识别标记是远远不够的，它得充实品牌的内涵，需要形成一定的品牌联想。因此，教研组品牌形成的第二阶段，是为品牌内涵增值阶段。

教研组品牌的增值并不是一朝一夕能完成的，它需要教研组及其成员的不断努力与不断维护。具体在实践中，可以从两个方面来进行：一是不断地实践与品牌创建目标相一致的各项活动，并通过互动的"教学对话"行动加强实践者与相关合作者在活动前的琢磨、探讨，活动开展时的共同参与（如集体听课、其他学科教师听课等）、活动后实践者与相关合作者的对话、自身的"回头思考"等来宣传教研组的品牌理念；二是进一步拓展教研组成员的品牌实践理念，在围绕同一目标实践的过程中，创新活动形式、拓展活动内容，从而促进本组品牌的内涵增值。

（三）品牌外显认可阶段

这是学科教研组品牌的真正形成阶段。从品牌的自身来看，能否得到公众的认可是衡量其价值的主要标尺。学科教研组品牌当然也不例外。当校内同行或学生家长，能把一个教研组的特色与其他教研组的特色区别开来，对该教研组的品牌外显特征有比较清晰的认识后，也就对该教研组的品牌有了认同感。而此时，该教研组品牌的稳定性也相对增强，一般会在一段时期内凸显出来。这也是品牌创建成功的典型表现。

三、以"品牌建构"理念建设学科教研组的实践

学科教研组品牌的创建并不是一下子就能成功的,它是一个围绕团队品牌创建不断实践、充实、完善的过程。实践中,学科教研组成员团队意识的强化与建设品牌构建机制是需要我们关注的两方面内容。

(一)强化学科教研组成员的团队意识

学科教研组品牌形成的前提,必须是组内每个成员(至少是大多数成员)具备比较强的团队意识。如果在一个组内,很多成员缺乏相应的团队意识,在工作中总是与团队不协调、唱反调,那么这样的教研组想形成体现整个团队精神的教研组品牌几乎是不可能的。那么,在教研组中如何才能有效地强化团队意识呢?

1. 教师个人发展规划与教研组工作计划的协调

教师个人发展规划是每个教师从自身的实际出发而制订的包括专业知识、课堂教学改革、教育科研的重点、教书育人、落实责任的计划在内的个人阶段性计划。教研组工作计划则是教研组从自身的实际出发而制订的包括教学研讨重点、组内成员发展、教研组特色形成在内的团队阶段性计划。实践中,我们可以在做好教研组团队工作计划的同时,要求教师以一年为单位进行个人发展规划的制订。制订中要求教师围绕所在教研组的目标及特色作出自己的规划,使教研组成员在关注自身发展的同时,能够考虑到教研组特色的形成。

2. 利用"捆绑式评价"强化教师团队意识的形成

"捆绑式评价"不是以教师个体为主的评价,它是以教师团队为对象所进行的评价。它在评价过程中,不仅关注到团队内成员个性化发展的程度,更看重整个团队发展的优劣。从实践来看,一般在围绕某一单项内容的考评时,尽可能地以团队工作过程为绩效考核的对象,强化团队绩效,弱化个体考评。比如,我们可以设计类似于"品牌教研组"评比这样的项目,引领学

科教研组团队成员，在做好自身所承担的个体工作的同时，关注教研组团队工作的成效。

（二）建立教研组品牌形成与完善机制

团队意识是学科教研组品牌创建的必要前提。然而，教研组品牌创建并不是短期行为，而是一个需要长期经营的系统工程。它不仅仅需要落实于平时的各项工作与活动之中，更需要建立在每个教研组有一个比较系统的发展规划和经常实践思索的基础之上。

1. 教研组品牌的确立——来源于"实际教育教学问题"的系列化专题学习活动

校本研修的系统化思考与系列化设计是有效促进教师专业发展的重要过程，同时也是帮助教研组寻求团队品牌的基本策略。我们知道，学科教研组的品牌应该来源于实践，来源于教师们的日常工作。因此，基于"实际教育教学问题"的系列化专题学习活动正是帮助教师及教研组团队挖掘团队品牌的重要过程，这些学习活动需要有教学实践作支撑。在活动中，专题学习的主题由各个教研组自己提出（一般来源于教研组成员的教育教学实践），然后由相关教研组或委托校本研修领导小组组织策划相关专题系列化学习活动。正是在对这些问题的探讨与研究过程中，促使每个教研组成员间及时交流、融合，并逐渐达成共识，形成自己教研组的品牌。

2. 教研组品牌的维护——充实于多向互动"教学对话"的教学行动

学科教研组品牌的确立只是品牌构建的基础，品牌内涵的充实与维护则是品牌建设的重要过程。那么在实践中，各个教研组又如何来充实和维护自己团队的品牌呢？多向互动"教学对话"的教学行动是一种颇为有效的策略。多向互动"教学对话"的教学行动不仅包括教师与学生、教师与教材、学生与学生之间的对话，还包括实践者与相关合作者在活动前的琢磨、探讨，活动开展时的共同参与（如集体听课、其他学科教师听课等）、活动后实践者与相关合作者的对话、自身的"回头思考"等。多向互动的教学行动不仅能够促使教研组成员挖掘有利于维护和充实自己团队品牌内涵的积极因素，在主动思考、尝试实践的基础上参与到集体互动交流中来；还能够促使教研组团队把碰到的问题或实践活动方案等展示出来供大家探讨，给其他团队成员或相关专家参与到团队的活动中来提供平台，有效地吸收新的信息和有价值地指导。

3. 教研组品牌的增值——成熟于"品牌创建"理念下的课题研究

一个品牌的成熟除了一定时间的积累，更需要依赖于团队的成熟和团队内成员的理性思维。而以课题的形式来构建自己的教研组品牌，本身便已具备了促使教研组品牌成熟的前提条件。一般来说，在学科教研组品牌构建的开始阶段，提出学科教研组达成共识的中心课题，然后把团队的品牌与中心课题结合起来。如此一来，各个教研组品牌构建，不仅要关注实践层面的思考，还需要关注品牌在理性层面的思考，寻求一定的理论作支撑。品牌建立在中心课题研究之上的，不仅使中心课题品牌化，更能使教研组品牌的成熟与增值建立在组内成员对中心课题的理性思考之上。

4. 教研组品牌的推广——实现于"实践智慧"的开放性的经验分享

从品牌推广的意义上说，能否得到公众的认可是衡量其价值的主要标准。学科教研组品牌虽然没有企业产品品牌的商业价值，但可以通过特色推广、扩大品牌影响力来提升教研组团队的研究动力，同时也能将自身有价值的成果发挥出更大的实践效用。实践中，可以借助于"实践智慧"的经验分享等活动，来实现教研组品牌的交流与推广。这个过程中，相关学科教研组以开放的心态，主动提供与本教研组品牌理念相关的实践材料（如教育教学案例、论文、课题报告等），展示并阐明本学科教研组的品牌理念。其他教研组或个人分析挖掘其中具有实践智慧的经验和新的生长点为其所用，在实践过程中进一步体现该教研组品牌的价值。展示品牌的教研组成员通过交流展示，进一步反思自己团队品牌构建过程中的经验，进行深入思考，在交流合作中形成更为完善的品牌理念和构想，为进一步深化作准备。一般这样的活动之后，展示品牌的教研组及其成员与分享品牌成果的教研组及其成员均能获得很大的收获。

实践表明，学科教研组品牌构建的过程，既是一个团队特色形成与影响力扩大的过程，也是促进教师专业深度发展的过程。

建议31：发挥"捆绑式"评价在教研组建设中的作用

在学校的组织机构中，因为学科教研组的基本任务是对教育教学问题的研究，承担着探索教育教学实践问题解决策略的工作，对提升相关学科的教学质量至关重要。本节就学科教研组建设的考评谈一些想法和做法。

一、学科教研组建设与"捆绑式"评价

我们已经知道，学科教研组是一个由相同（或相近）学科教师组成，以研究、探讨、解决教育教学过程中产生的实际问题为主要任务的基层组织，它通常以活动为载体，促进教师教学能力的提高和专业素养的增强。然而，在实际的学科教研组建设中，由于教研活动的全体参与性与教师考评的个体性之间存在矛盾，因此往往难以将教师们的参与积极性充分调动起来，使教研组活动成为教师们的自主活动，从而影响到教研组"研修"功能的发挥。近几年来，越来越多的学校，在学科教研组建设中，关注到了以往教研组团队建设中的不足，对学科教研组团队的评价以"捆绑式"评价代替以往单一教师个体的评价，突出了教研组团队的整体性评价，从而有效促进教师个体在教研组活动中主人意识的形成，充分体现教研组研训一体化的功能。

那么，什么是"捆绑式"评价呢？所谓"捆绑式"评价，即是以团队为评价对象，把团队中个体的成绩与不足，纳入到团队的考评项目之中，最终以团队的考评结果来反映教师个体的实践业绩的评价。"捆绑式"评价最基本的特点是以团队的评价结果来评定团队内所有个体成员的工作实绩，它是

以团队内成员间的协调活动与发展为基础的，有利于促进教师群体合作意识的形成和发展。

二、"捆绑式"评价在学科教研组建设中的实施要点

作为对学科教研组团队的整体评价，"捆绑式"评价的实施需要有一定的机制建构，尽量避免消极因素，放大团队评价的公正、公平与激励成长的作用。因此，实践中，我们可以把握以下四个方面的操作要点。

（一）构建稳定均衡的学科教研组团队

团队间的差异往往是实施捆绑式评价的最大障碍。由于捆绑式评价是针对团队的评价，因此，团队间整体的差异不能过大。在实施捆绑式评价前，首先平衡学科教研组团队间人员素质的构成，特别是对同一学科不同年级的教研组，尽可能缩小团队成员基本素质的差异。一般可以通过基本要素与专业素养两个方面作好平衡。

1. 基本要素尽量平衡

基本要素主要是指教师的年龄、性别结构和学历层次。除了一些技能学科组的成员相对稳定之外，规模较大一些的学校，语文、数学、英语、科学等学科组的教师人数相对较多，于是在组成教研组时，一般需要考虑到各组的年龄结构和学历层次。相对来说，由于现阶段教师的入职要求较高，所以现阶段除了部分接近退休阶段的教师学历可能没有达到本科之外，大部分教师的学历一般都是本科及以上。而且从性别比例来看，小学段新进教师女性比例明显高于男性，有些学校甚至高达8∶2，中学段则稍微好一些。因此，对于小学阶段来说最需要考虑的是年龄结构，中学阶段则需要考虑性别与年龄两个方面。

一个和谐团队的构成，有时候年龄也是一个比较重要的影响因素。因此，学校教学管理者在构建学科教研组团队时，需要考虑团队的年龄结构。以现阶段学校教师年龄的总体状况来设置，30岁以内的教师数、30岁到45岁的教师数与45岁以上的教师数间的人数比保持在4∶4∶2左右，是

一种比较理想的结构。当然，这需要结合学校自身的教师状况作出合理的分组。

2. 专业素养基本均衡

教师的专业素养与业务水平是体现学科教研组团队整体素质均衡性的最关键要素。学校管理者在组建学科教研组时需要特别关注。一般考虑两个方面：一是职称，二是专业获奖或荣誉。每个教研组中级以上职称的教师数基本保持平衡（控制在80%左右）；教研组中若都能有区级及以上教学业务类获奖者会更好，这样每个教研组都有学科教学的领军人物，能够有效地促进教研组核心的形成。

同时，如果条件允许，除了一些技能学科的教研组成员自然稳定之外，学校教学管理者可以采用"稳定+微调"的策略保持各学科教研组成员的相对稳定，让教研组的品牌建设有持续推进的可能性。学校可以在语数等人数较多的学科教研组成员的安排上，以三段式小循环（低、中、高三段）为主，即低段语数教师一、二年级循环，中段语数教师三、四年级循环，高段语数教师五、六年级循环。这些机制的确立，为实施"捆绑式"团队评价创造了条件。

（二）确定清晰明了的评价内容及要求

在评价过程中，评价的内容和要求是否清晰明了，评价对象是否知晓并能认可，是一个影响到评价能否顺利进行的重要因素。因此，在对教研组实施"捆绑式"评价时，需要把评价的指标在学期初就告知给各个学科教研组团队，以便引导学科教研组更好地开展教学研究工作，取得相应的研究成效。当然，评价的内容针对教研组团队，而不是个体，突出"教"与"研"这一重心。以下是一所学校的一份学科教研组团队评价的常规性指标案例。

×××学校学科教研组建设评价指标说明表

指标	等级	评价标准	检查办法	得分
教研规划（10）	优	（1）有教研组活动计划； （2）确立教研组研究课题（或品牌理念）； （3）有教研活动的具体安排表； （4）有教研组活动总结。	查阅资料	10
	良	做到三条。		8
	中	做到两条。		5
活动实施（40）	优	（1）每组每学期不少于两次研究课； （2）相互听课，每位成员每学期不少于10节； （3）每组每学期至少有一节面向全校教师的展示课； （4）每组每学期在全校性活动中至少有三次以上的专题发言； （5）每次活动中的分工必须清晰、明确，做到人人参与，都有事做。	查阅资料 现场调查	40
	良	做到四条。		35
	中	做到三条。		25
资料归档（10）	优	（1）每次活动均有记录； （2）每次活动均能有相应的成果呈现； （3）每次学习材料均能保存； （4）每学期有针对性的期末测评实践。	查阅资料	10
	良	做到三条。		8
	中	做到两条。		5
获奖加分（10）	优	（1）每位成员每学期至少有1篇论文和1篇案例； （2）组内成员课堂教学在区级以上展示； （3）组内成员指导的学生在区级以上获奖； （4）组内成员的论文或其他业务类文章在区级以上获奖、发表或交流。	出示证明	加分
合计				

这些常规性指标的设定，不仅保证了各学科教研组能够正常地开展围绕自己教研组主题的教研活动，而且由于这些指标均是针对教研组团队的，因此促进了教研组团队成员间的合作与共享，有利于教研组成员之间凝聚力的形成。

（三）适时增加体现团队特色的主题评价内容

学科教研组"捆绑式"评价的过程中，常规性的评价能够保持团队整体活动的有效性，但由于仅仅局限于教研组内部，而不能促进教研组间的交流与分享，需要在适当的时间段内增加一些全校性的主题活动，然后针对各教研组团队在这类主题活动中的表现进行评价。实践过程中，此类主题式活动，虽然在组织和实施过程中工作量相对较大，但对促进了各个教研组团队内部凝聚力的作用相当明显，有利于教研组成员主体意识的形成，同时也能够加强学科教研组之间的横向交流与相互学习。

当然，在对各学科教研组参与主题式活动时的评价，需要制定专门的评价指标和内容要求，这样对于及时、准确地评价非常有利。应该说，主题活动的评价与常规活动的评价既有联系，又有区别。在考评分数中占40%。评价指标抓住主题重心，体现主题活动特色。如嘉兴市实验小学在组织的一次"课堂行为体验之旅"[①]的主题活动中，评价的主体部分设计如下：

［考评要求］

教研组开课人数达75%以上占10分，以不足一个百分点扣1分的比例进行扣分；

教研组活动特色分占20分，一般以每2分一个档次进行记分；

积极参与其他教研组活动，教研组成员听课不少于6节的得10分，根据教研组每人的情况，不足1节扣1分。

---

① 张晓萍. 和谐：教育的发现与回归 [M]. 上海：上海辞书出版社，2005：123.

[自评表]

教研组名称			教研组人数	
开课人数		占本组百分比	得分	
应听课节数		实际听课节数	得分	
教研组特色活动得分				
合计得分				

[他评表]

教研组名称	开课得分	参与别组活动得分	本组特色活动得分	总分	评定等级

这种主题活动式的评价一般每学期组织一次，目的是促进教研组团队在抓好常规教研的同时，参与到全校的教研活动中来，通过交流分享进一步提高自身团队的建设，促进教师的专业成长。

（四）运用丰富多样的评价方式

评价的公正性不仅仅体现在团队成员的构成和活动的结果上，更应体现在评价的过程中。因此，我们在对学科教研组进行"捆绑式"评价的实施过程中，采用多种评价形式相结合，相互补充和相互协调，增强"捆绑式"评价的准确性和公正性，保障评价结果的信度与效度。具体方式主要有以下三种。

一是领导检查评估，即对一些常规性工作结合常规活动评价指标和要求进行不定期抽查和定期检查。对各学科教研组在常规活动中的表现给予及时而又准确的评价,同时给予一定的指导,并提出改进意见,以促进教研组团队成员整体素质的提高。当然,检查结果需记入相应学科教研组的整体评价成绩之中。

二是组内自我评价,即各学科教研组组内成员对本教研组工作的情况作出分析与总结,打出自我评价的分数,在学期结束前的教研组工作汇报中作介绍。这一过程有利于各学科教研组团队及时作出反思,主动加以改进。同时,这一自我评价的成绩也供学校校本教研领导小组对学科教研组进行整体评价时参考。

三是组间相互评价,即各学科教研组以教研组汇报总结时的宣讲材料,结合平时的观察与了解对别的教研组作出客观公正的评价。这种情况下评出的分数纳入到各学科教研组的综合考评分中,体现"捆绑式"评价的民主性和客观性。

最后,以上评价结果由校本教研领导小组进行汇总,然后评出优胜教研组,并给予一定的奖励。而在整个评价过程中,评价对象始终是学科教研组团队,而不是教师个体。这是"捆绑式"评价有别于教师个体评价的关键之处。

三、"捆绑式"评价的注意点

学校教学管理者采用"捆绑式"评价,可以有效弥补学校在评价中对教师团队评价的空缺,可以有效增强学科教研组成员的主体意识,解决教师个体与教研组活动之间的矛盾,从而推进学科品牌教研组的建设过程。当然,在具体的实施过程中需要把握以下两个方面的注意点。

第一,"捆"而不"困"是理念。团队捆绑并不是困住团队的创新与创造,这是实施"捆绑式"评价时首先需要注意的。评价过程中,对于有创意的、教学研究工作成果丰硕、成效显著的学科教研组,要敢于打破评价工具的束缚,鼓励创造性工作。比如有些教研组,团队共同研究的成果获得了市级以上的奖项,并在教育教学实践中得到了推广的,一般需要加以鼓励,给予加分。

第二,"成"而不"沉"是关键。评价不是简单地评定,而是通过评价引领教师成长。因此,评价的正面导向性特别重要。一些标准的制定其实是引导教师能够"看见"成长,从而激励成长。评价的过程需要体现正能量,不能给教师带来负面影响,造成个别教师甚至某些教研组的"沉沦"。

建议 32：培育促进专业发展的"教师自组织"

在学校里，教研组是以教师团队的形式进行教学研究的组织，其成员组成具有一定的强制性，即学校里大多数教研组（特别是年级学科教研组），其成员的组成由学校教学管理者确定，教师以服从安排为主。不过，在学校里，还有一些由具有共同兴趣爱好的教师自由组合成的团队，我们称之为"教师自组织"的团队。"教师自组织"相较于教研组、年级组等学校行政干预下组建的团队，成员的结成具有更大的自由度和可变性。有学者认为，教师自组织有如下特征："一是两个或两个以上教师基于共同的兴趣爱好或其他共同点而自愿结合在一起；二是形成过程无外界干预，具有自发性；三是具有开放性；四是能自我管理。"[①]

一、培育促进专业发展的"教师自组织"的实践意义

从学校的长远发展来看，学校教学管理者若能有意识地培育一些以"教学问题研究"为共同兴趣，着眼于"专业成长"的"教师自组织"，对学校教师队伍的专业发展有着相当的积极意义。

首先，易于构建多样的专业发展模式。

"一个学校的教师，应该是一个团队。团队成员之间的精诚合作，互相真诚地分享和交流，对于彼此的成长，有着十分重要的、巨大的价值。"[②] 这

---

① 程凤农，唐汉卫.教师自组织：教师实践性知识管理的一种组织方式[J].教育理论与实践，2014（1）：34–37.
② 肖川.教育的智慧与真情[M].长沙：岳麓书社，2005：146–149.

是从整体上对学校教师团队的价值肯定。但是从学校教师的专业发展来看，仅仅依靠学校整体的推进，有时候显得模式过于单一，缺乏对教师个性特长的尊重。以专业发展为共同愿景的"教师自组织"，因为体现了教师们对专业发展的自主理解，发挥专业发展过程中教师的个性特长，可以改进或弥补学校整体设计中的不足。

其次，易于形成团队深入研究的氛围。

"教师自组织"的最本质特征便是基于共同爱好的团队行动。这也是深入研究教育教学问题，促进专业更好发展的基本保证。很多时候，因为教师对于同一个教育教学问题的共同关注，并且有一起深入探究的意愿，也便更容易在探究过程中作好分工，更愿意分享研究取得的经验或阶段性成果。同时，因为是"自组织"，是组织内成员共同关注的感兴趣的问题，也便更愿意花时间进行深入探索，形成良好的研究氛围。

再次，易于发现引领团队的管理骨干。

从团队形成的过程来看，学校的教研组、年级组等教师团队，由于是行政干预下建成的团队，这些团队的"组长"也一般由学校管理团队任命。而"教师自组织"因为是一种非行政团队，很多时候这些团队的核心成员（也可称之为"领导者"），是团队内部自主产生的，有着比较强的团队认同度。学校管理者便可以通过"教师自组织"，发现具有一定组织管理能力的教师，在需要相应岗位的管理人员时，加以提拔与任用。

二、三种典型的助力专业成长的"教师自组织"

在现代的学校中，因为学校办学规模的扩大，校内"教师自组织"已经成为了重要的教师间互动交流的团队。以教学研究或专业发展为共同愿景的"教师自组织"一般有以下三种：

（一）课题组

课题组就是指围绕某个研究主题而组建起来的研究组织。现代学校教育中，教师主持研究课题探索解决教育教学问题的策略，已经成为了一种专业行动的常态。把课题组作为"教师自组织",是基于课题研究组织构成的本意来说的。

在教育教学实践中,课题组成员的构成方式一般有两种:一种是行政干预下组建成的,即学校希望在某个领域作一定的实践探索,便在确定了某个研究主题后,由学校教学条线或教科室等管理层指定相关教师组成研究组,此类课题组类似于"项目组";另一种方式则体现了更多的自主性,即学校里某位教师对某个主题想做深入研究,于是发起共同研究的"招募令",有想共同研究的教师参与进来,继而组建而成的研究组,通过此种方式组建而成的课题组更具"教师自组织"的特质。后文会就此类课题组做深入探讨。

(二)读书会

读书会作为"教师自组织"相对比较容易理解。许多学校的教师读书会,具有比较强的民间色彩。当然,组织得比较好的学校教师读书会,也会有一定的行政干预,有些干脆交由学校教师工会来组织。

这里想说的是,读书会作为教师专业发展的"自组织"的意义。在现代学校发展中,将读书作为教师专业发展的重要因素,已经为越来越多的学校管理者所认同,同样也为越来越多的教师所接纳。"把阅读作为一种生活方式,把它与工作方式相结合,不仅会增加发展的创新力量,而且会增强社会的道德力量。"这是 2015 年李克强总理在"两会"闭幕后答记者问时所说。[①] "读书的过程就是与世界交往的过程,一个从狭隘走向广阔的过程,它有利于提高人的精神品位,培养教师的读书人的气质。"这是作为教育学者肖川教授对教师读书的价值判断。[②] 而成尚荣先生在《回到书桌》一文中强调:教师"更多的是要读书,学习,教师永远是读书人,永远在书的海洋里徜徉"[③]。

学校里组织读书会,是想以教师共同阅读的方式,引领教师"回到书

---

① 余慧娟,董筱婷. 新时代学校使命 [M]. 上海:华东师范大学出版社,2019:28-30.
② 肖川. 教育的使命与责任 [M]. 长沙:岳麓书社,2007:189-191.
③ 成尚荣. 名师基质 [M]. 上海:华东师范大学出版社,2018:28.

桌"前，回到"书的海洋"里，回归专业发展的自觉。而作为"教师自组织"的读书会，则更能发展教师学习的热情，激发教师向内生长的力量。

（三）专业社团

这里的专业社团是指以某个学科专业为内容的教师群众性组织，比如艺术类的舞蹈、合唱、绘画、书法等，体育类的篮球、乒乓球、羽毛球等。此类社团与教师的学科专业素养有着紧密的关联性，特别是对于任教相应学科的教师，这些社团活动是其增强专业能力、提升专业基本功的主要途径。从学校的教学管理者来说，对于此类社团的关注与培育，有着重要的促进教师专业成长的意义。无法想象，一名不喜欢参加与音乐相关活动的音乐老师，能够培养出喜爱音乐的学生；同样无法想象，一名不喜欢运动的体育老师，能够激发起学生喜爱运动的热情。

一般来说，学校的体艺类专业社团，除了行政干预下的活动之外，更需要培育"教师自组织"，这样才能保障相关教师们的常态化活动，促进他们对学科专业的兴趣与专业技能维持在一个较高的水平。

三、作为"教师自组织"的课题组的培育要点

时代发展到今天，教育科研已经成为了教师专业成长的重要路径，课题研究既是教师解决日常教育教学难点问题的手段，同时也是教师专业发展的重要载体。学校在引导教师做好课题研究的基础上，培育教师课题研究自组织，是营造教育科研氛围，推进学校教育科研常态化，推动以教育科研促进教师专业发展的重要策略。"一个课题组，就是一个专业发展共同体。"[1]在学校教学管理的实践中，对于作为"教师自组织"的课题组建设，虽然需要尊重课题组的自主性，但仍然需要把握一些指导与管理的要点。

---

[1] 费岭峰.怎么做课题研究：给教师的40个教育科研建议[M].上海：华东师范大学出版社，2021：111.

（一）提供"帮助式"指导

从教学管理者的职能来说，规划、指导、监督、评价校内与教学专业相关的事务是重要的工作内容，只是相对于行政干预下组建的年级组、教研组，作为"教师自组织"的课题组，其活动设计与进程更具灵活性、自主性，学校的教学管理者不需要经常介入，应尽量减少自上而下的管控与指导。但在课题组活动过程中，遇到困难需要帮助时，则要提供相应的指导。

此刻学校教学管理者采取的指导方式可以有两种：一是直接介入，二是间接介入。直接介入是指学校的教学管理者作为专业指导者，自身直接参与到课题组在研究方法的选择或研究活动的设计过程中，与课题组成员一起经历研究进程，完善研究过程，提升研究质量。间接介入则是指学校的教学管理者利用自身的人脉，邀请熟悉课题组研究主题的专家来校对相关课题组进行研究过程指导，可以是理论引领式的，也可以是过程论证式的，还可以是实践点评式的，以帮助相关课题组提升研究活动的质量，助力课题组取得良好的研究成效，形成高质量的课题研究成果。

事实上，因为是作为"教师自组织"的课题组主动提出的指导要求，所以在学校教学管理者的直接介入指导或邀请相关专家的间接介入指导时，课题组成员的学习主动性与投入度会更强，指导的效果也更佳。

（二）提倡"散漫式"交流

所谓"散漫式"交流，即是指减少系统的、整齐划一的交流，采用分散的、多样的交流方式。作为"教师自组织"的课题组成员，因为强调的是自主、自由与自我管理，因此，学校教学管理者在对此类课题研究的过程管理上，除了应用一些与学校其他研究课题共同的管理方式之外，更需要采用灵活、多样的管理方式，以保障相关课题组研究过程的自由度。实践中，引导作为"教师自组织"的课题组作经验或成果交流，一般可以把握以下三个关键点。

一是重亮点。其实亮点是任何个体或群体都是喜欢展示的。同时，分享成功的经验，是促进分享者取得更大成功的有效方式。作为学校的教学管理者，要善于把握教师成长的"成就心理"，对于"教师自组织"中取得的成功经验，加以放大，以影响学校其他团队的实践。这也是一个共赢的过程。

二是抓随机。对于作为"教师自组织"的课题组取得的经验或研究过程中的亮点的利用，不能按照常规的思维，而是要有善于把握与利用的能力。强调随机性，即可以利用晨会、每周的全体教师会以及一般的教学研讨活动的机会，给相关课题组成员提供交流展示的机会，以及时将好的经验推广出去，供学校全体教师学习与借鉴。

三是给空间。这里的空间一则指活动的空间，二来也指相应的活动平台。也就是需要积极利用校级或区域内的教学研讨活动，将作为"教师自组织"的课题组取得的成果推广到全校，甚至学校之外，以扩大"教师自组织"的实践效用，鼓励更多的教师投入到研究教育教学问题的行动中去，在解决教育教学问题的同时发展专业能力。

（三）提炼"精品化"成果

这一点是针对"教师自组织"的课题组来说的，作为学校的教学管理者，更多是倡导与建议。好的成果需要提炼，更需要推广。但成果推广的前提，则是对研究成果的提炼做到一定的结构化、规律化。作为课题研究者，也需要有成果提炼的意识和能力。虽然作为"教师自组织"的课题组的研究活动体现了自主性，但对于研究成果的提炼同样是非常重要的。从课题研究的过程来看，研究成果的表达一般可以有三种形式：一是体现理性思考的论文，二是突出实践效用的案例（或课例），三是反映研究水平的成果报告。

课题研究过程中撰写与研究主题相关的论文，是一件很重要的工作。其意义有三：一是厘清研究课题的核心概念，二是思考要素间的关系，三是利于明晰后续研究实践时的策略。作为课题研究者，围绕课题核心内容的理性思考，是研究的重要特质。论文结构一般包含三个内容：一是问题提出，二是核心概念的定义，三是相关概念的特征。唯有对这些内容思辨清晰了，其研究过程才会有相应的理据。

突出课题研究实践的案例是课题研究过程中实践味体现的物化表达。一线教师做课题研究中，围绕教育教学实践活动的实验是基本要求。唯有通过实践的尝试，才能检验课题"假设"是否有效。正因为有经常性的研究实践，所以对于实践后的分析与思考才会有深度。于是，课题研究者将这些带着课题研究假设的实践尝试、数据分析、思考改进的过程性资料梳理出来，也便成为了很好的实践案例。事实上，此类案例也是研究课题重要的阶段性成果，有着很好的推广价值。

  至于课题研究的成果报告，那是一项研究课题的最终表达，也是课题研究者必须做好的物化的材料。当然，作为"教师自组织"的课题组，是否需要有物化的成果报告，那得看相关课题属于什么级别。一般来说，校级类的课题，以研究论文呈现即可。如果是区级及以上立项课题，那么需要根据相关课题的管理要求进行总结。

建议33：学校可建设一支教师专业发展指导队伍

教师的专业成长，首先是个体行为，但同样也是一种群体行动的结果。一位教师的专业发展，当然需要有个体发展的意愿以及付诸实践的行动，但同样需要有专业的引领与专家的指导。因此，对于学校的教学管理者，在思考教学管理问题时，需要将教师的专业成长放在首要的位置，因为要保证学校的教育教学质量，师资队伍的质量是第一位的。唯有教师的教育教学水平提升了，教育教学的质量才有可能得到提升。

在现代学校管理中，由于受到行政管理的影响比较大，一般而言，教师的专业发展指导也更多为学校的行政管理团队所承担。比如校长室、教务处，当然，最为直接的责任科室是教科室。我们说，学校的行政管理科室，应该有承载教师专业发展的引领与指导的责任，但能否组建一种更重专业引领的团队来聚焦教师的专业发展，以更专业的力量来助力教师的专业成长，同样应该成为学校教学管理者工作的重要内容之一。本建议提出：学校应建设一支教育教学研究专业指导队伍，在学校校长室或教科室的直接领导下，承担教师的专业指导与业务培养。

一、教师专业发展指导的界定

对于一名教师来说，其在校内的工作可以分为两大类：一类是事务性工作，即只要按照学校管理层、科室部门的要求认真完成即可，此类工作很多时候不需要太多的创新，比如到时间进班上课，按时放学，每周组织几次学生晨读等；还有一类则是专业性工作，即在完成的过程中，有质量高下之分的，很多时候想高水平完成则需要相应的专业能力以及丰富的经验积累。比如课堂教学，教学水平高的教师，其课堂教学效益比较高，教学质量也会相对比较高；反之，课堂教学水平比较低，学生的学习质量相对就低。这里便会涉及专业定位的问题，很多时候教师的课堂教学水平需要通过积累相当的经验或者需要付出许多努力才能得到提升。

在当今这个时代，要做一名好教师其实不容易。"当教师需要以专业人员的资格与社会对话时，许多教师的底气显得不足。底气来自于角色再定位，来自于广博的学习，来自于反思性教育教学实践。"[①] 其实，从一名新手教师成长为一名有经验的教师、有"底气"的教师，还需要来自有经验教师的指导与帮助。于是，我们可以这样来界定教师专业发展指导的内涵，即有助于教师增长专业底气的教育教学实践指导，可以统称为"教师专业发展指导"。

二、教师专业发展指导队伍构成及与学校原设机构间的关系

传统的学校组织机构一般由总务处、教务处、政教处组成，教务处下设学科组、政教处下辖年级组，教学条线主要由教务处和学科组等机构落实至教师。[②] 到了上个世纪90年代后期，教务处开始分设教育科学研究室（简称"教科室"），即"校长、教导主任领导下的教学组织机构，包括各科教学研究组（即教研组）、教育科学研究室和年级、班"。[③] 现如今，有些学校为了顺应时代的要求，在原有校长室、中层职能部门、年级组等教学管理部门常设机构的基础上，成立了"课程中心、发展中心、学生中心、信息中心、科研中心、服务中心"等一些专业性较强的管理机构[④]，其中有一些机构已经成为促进教师专业发展的专门机构，比如"发展中心""科研中心"等。

在讨论教师专业发展指导团队应该隶属于哪个部门比较合适前，我们先

---

① 赵国忠.教师最需要什么——中外教育家给教师最有价值的建议[M].南京：江苏人民出版社，2008：112.

② 鲁洁，吴康宁.教育社会学[M].北京：人民教育出版社，1990：367.

③ 萧宗六.学校管理学（第三版）[M].北京：人民教育出版社，2001：93.

④ 钱爱芙.幸福学校的愿景与行动[M].南京：江苏人民出版社，2017：233-234.

来看看这个团队成员的构成。一般由学校内部和外部两部分成员组成比较合适。学校内部是各学科的教学骨干,最理想的是市级甚至是省级及以上的教学名师,有些学校因校内骨干教师较少,可引入区级层面的学科教学名师。校外成员可聘请学科教研员与外校有一定学术影响力的教学名师,一般邀请两三位比较合适。这一团队可命名为"学术指导委员会"或"学科专业指导委员会",以体现这一团队的专业属性。

教师专业发展指导团队应该隶属于校长室或教师发展中心,当然也可以是教科室。因为需要教师专业发展指导团队在对教师的专业发展上起引领与指导作用,充分发挥这些成员的专业特长,所以对于一般规模较大的学校,可隶属于教师发展中心,而对于规模较小的学校可由校长室直接领导(如右图所示)。当然,担任指导团队领导的可以不是校级领导,而是专家教师,如特级教师或者省市级名师等,同样能够突出团队的专业属性。

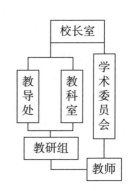

学校教学管理组织关系图

有了"学术专业指导委员会"的学校,可将教师专业发展的整体规划交由这一团队来制订,同时也使学校的教导处、教科室集中精力做好日常事务性质的工作,将专业性质较强、突出教师学术研究的工作交由"学术专业指导委员会"来操作,从而更好地体现"专业的人做专业的事"的管理理念。

三、学校教师专业发展指导队伍的工作职能

既然学校在原有教学管理机构的基础上建立"学术专业指导委员会"等以突出教师的专业发展指导的组织,那么需要明确这个组织相应的工作职责,以便其能够正常地开展工作,实现机构的效能。一般来说,学校类似于"学术专业指导委员会"这样的机构,更多着眼于对教师专业成长研训活动作专业性的指导,其工作的性质更多表现出"平时分散、用时集中"的特点,即平时因为专业指导团队的成员也承担着日常的教育教学工作,在没有

相应任务时，则分散在各个学科组、年级组，履行日常的教育教学工作，做好一线教师的本职工作；在某些时间节点，则需要集中起来，为学校的学术性活动的落实作出贡献。一般在三个时间节点上，完成以下三个方面的专业指导工作。

（一）组织教研主题论证

学校教学研究主题是否具有前瞻性与引领性，是关系到学校整体校本研修的方向与质量的问题。许多学校的校本研修由于对研修主题缺乏相应的论证，故而研究价值不足，有些甚至还背离时代发展的要求，停留于应试的层面、增加学生负担的层面。学校各科教研组的教学研究主题若能在"学术专业指导委员会"等相关专业机构成员的指导下，进行一定的论证，相信能够更好地把握时代发展的脉搏，使相关研究主题更符合教育发展的趋势，体现出更大的研修意义。

这项工作的开展一般安排在学期初或学年初，有时甚至可以在每个学年开学前的一周之内，利用假期时间，在各学科教研组成立之后，便可进行。"学术专业指导委员会"成员作好分工，采用多样化的方式进行论证指导。

方法一：小组交流式论证。这也是比较常用的一种论证方式。一般来说，专业指导组的成员进入到各学科教研组，与教研组成员一起，就研修主题的内涵、价值以及后续研修活动的具体规划，进行较为深入的探讨，以明晰研修主题的前瞻性与研修意义，确立可操作的行动路径，并且形成初步的行动方案，以便相关教研组在后续的组内交流中不断完善修正，保证研修活动的正常落实。

方法二：学校展示式论证。有些时候，因为学校的学科教研组比较多，而学术指导委员会的指导专家相对较少，于是便采用通过一个案例作为指导样本，供其他学科教研组学习借鉴。此时，便适宜采用展示式论证，即将全校教师集中起来，学术指导委员会的专家就某个教研组的主题进行深入剖析，并与相关教研组的教师进行现场探讨，将明晰研修主题的前瞻性，厘清后续研修进程的关键点等讨论交流的方式展示出来，以供其他教研组习得探讨主题的方式，以完成各自教研主题的论证。

方法三：书面答疑式论证。此种论证方式更为简便，一般适用于指导专家无法到现场，或者指导专家承担了多个教研组主题论证任务的时候。书面答疑式论证的方式，虽然缺少现场交流时的互动性、通过交流后的融通度，但也有其相应的优势。比如专家通过研修方案能够更完整地了解相关教研组确定主题的出发点，同时也会给论证专家更多的时间推敲主题的意义，在提出建议时也能更深入地进行思考，以文字形式论证时逻辑性更强等。

（二）组织教学成果评审

一般而言，学校的教学成果奖评审一般包括三类：课堂教学、教学论文与课题成果评比，有时也会拓展到作业设计、案例叙事等其他的一些教学类成果评审。从学校教学管理的实践来看，许多学校的"学术专业指导委员会"等机构承担了本校教师的教学研究成果奖的评审，很符合"学术专家"进行学术评比的特点。学校教师专业发展指导团队，也应该承担起学校组织的对于教师的专业发展类的评审工作，给出相对专业的评比结论，从而为更好地发展教师的专业能力指明方向。

由此，我们需要关注，"学术专业指导委员会"成员在进行各类教学成果奖评审时，要切实把握两个方面的要点：淡化功利性与强化导向性。

淡化功利性。评审总是有目的的。但我们得思考明白各类成果奖评审的目的。从功利性上来说，一般校级评比结果对于教师专业晋升不会有太大的影响。因此，校级组织教学类成果评比，以激活、促进与研讨为目标的，淡化功利性，增加研究味，才是校级教学类成果评审的"初心"。

强化导向性。导向性则是指评出来的优秀成果需要具有相应的引领价值，以引导教师朝着相应的方向努力。这其实是顺接着上一条的。既然我们的目的是引领、研讨，那么评出来的优秀成果在保证一定质量的前提下，必定要带有导向性，是体现教育教学发展方向的，是能够激发教师们努力实现的，也是能够给学校教师提供研究与专业发展的样本的。

基于此，以"学术专业指导委员会"成员为主组织学校内部的教学类成果评比时，课堂教学评比可以采用"展评式"为主的评审方式，突出"评、研、引、用"的功能，即在"评"的过程中突出"研"，"研"的过程中强调

"引"，"引"的最终目标则是助力教师的"用"；教学论文或研究成果评比则淡化形式，注重实质，可以采用"答辩式"为主的评审方式，对一等奖的成果可增加答辩式终审，强调成果的理论与实践的结合，更重成果的实践效用，从而突出教学论文写作与课题研究成果总结为教师的教育教学实践服务的功能。

（三）助力教学骨干成长

组建教师专业发展指导队伍的最终目标在于促进教师的专业发展，因此助力教学骨干的专业成长，应该是教师专业发展指导团队的最为基本的职能。为了与学校原有的教导处、教研组带动全体教师做好常规教研，学校教科室带动教师做好课题研究的职能有所区别，教师专业发展指导团队在对教师的专业发展作出指导时，应该突出关注个体，注重教师成长过程中的个性化发展，以帮助教师形成自己的教育教学特色，培育有特长、有特色的教师。实践中，教师专业发展指导团队的成员与学校骨干教师培养对象间，可形成"长效指导"与"联合指导"两种指导方式。

方式一：长效指导，保障过程的延续性。这应该是学校教学骨干培养的基本方式。表现为专业发展指导团队的专家与指定的学校骨干教师培养对象间建立起稳定的群体，可以是"一对一"，也可以是"一对多"。类似于师徒学习共同体，指导活动主要分散在日常的教学过程中。

方式二：联合指导，突破发展的瓶颈点。这是基于骨干教师培养对象发展过程中存在的问题而组织进行的诊断式指导，即围绕相关教师发展中的短板问题，邀请教师专业发展指导团队的专家名师，进行集中式讨论，为解决教师发展中的短板问题提供方法策略，并有持续一段时间的跟进，以观察方法策略是否有成效。

从实践来看，以上两种方式很多时候是组合进行的。"长效指导"强调平时、日常，"联合指导"注重阶段、突破，最终目的都在于助力学校更多教师在专业成长之路上得到更为专业的帮助。

建议34：建设"师徒成长共同体"促教师群体专业发展

在学校的师资队伍建设中，师徒结对是学校年轻教师培养的基本方式。许多学校对师徒结对提出了一些"量化"的要求。网上一搜，便能搜到诸如：师父的职责中，就有"精心指导徒弟备好课。每学期重点审阅20节备课教案""每个月听徒弟的课不少于2节，并写好相关评语""指导徒弟写好一篇论文……"而关于徒弟同样有相应的"量"的要求："主动听师父的课，每学期不少于5节……"有些要求更高一些的，则提出"指导徒弟上好公开课"，或者要求"徒弟必须听了师父的课后再上相应的教学内容"等。

事实上，此种形式的"师徒结对"，更多还是传承了我国培养技术工人的"师父带徒弟"的形式，培养过程中，对徒弟的专业成长帮助还是比较大的。这些年来，许多年轻教师也正是通过这种"师徒结对"的方式，比较快地走上了教育教学的"正轨"，成为了能够独当一面的有经验教师、骨干教师。

然而，在时代发展到新入职教师的学历几乎全面超越了前辈教师的今天，这种"师父带徒弟"的结对方式，也面临着巨大的挑战，产生了诸多的问题：新入职教师的成长，仅仅依靠某位前辈教师的"传、帮、带"，能否激活他们的成长潜能？毕业于十多年前，甚至二十多年前，学历仅仅是普师的师父教师，能否让学历为本科甚至是研究生，但专业并不对口的新手教师在成长的过程中发挥自身的非对口专业的优势？另外，传统的"师父带徒弟"在对徒弟的学习成长方面作出了相应的要求之外，对于师徒两人合作学习、共同成长的漠视，是否不利于师父的发展，最终也会制约徒弟的发展呢？基于对这些问题的思考，我们提出了"师徒成长共同体"的理念，期待学校的教学管理者能够将这种理念转化为行动，能够为学校更多教师的专业发展提供帮助。

一、"师徒成长共同体"的内涵及意义

借助"共同体"这一个词来表述"师徒结对"从传统的"师带徒"的学习意义上的转变，基于如下两点考虑：一是学习应该是一个相互的过程，"教学相长"应该是现代社会"师徒结对"形式下的共同成长的基本特征；二是想突出帕克·帕尔默在《教学勇气》一书中描述的"与志同道合的朋友一起追求真理"的目标场景[①]，希望师父与徒弟的合作是建立在双方共同成长意愿的基础之上的。

由此可见，师徒成长共同体可以建构成三个层次的意思：首先是学习，其次是成长，再次是共同成长。

学习是基础性目标，即在师徒学习成长共同体中，徒弟首先是学习的主体，需要通过对师父日常工作的观察、了解，甚至请教，习得基本的教育教学技能，以应用于自己的日常教育教学活动之中。师父同样需要学习，以更好地将经验呈现出来，转化为师徒共同实践的经验。

成长是发展性目标，即在师徒学习成长共同体中，徒弟从新手教师对日常教育教学工作的陌生到逐渐熟悉，处理日常教育教学事务从生疏到逐渐得心应手，这是客观存在着的，也是能够让人感受得到的。师父的成长相对隐性，更多体现在经验的完善与再造，从而显现出结构化的特质。

共同成长则是最有意义的目标，即在师徒学习成长共同体中，徒弟的成长是可以预见的，是需要考量的；师父的成长同样是可以预知的，是能够作出考量的。比如，就某个内容师父需要作出指导前，自己必须进行重新的认知，先行进行内化，从而能够给予徒弟以更为精准的指导。这样的过程，也是个体收获最多的过程，是个体成长必不可少的过程。

以上三个层次的意思，较为完整地表述了"师徒成长共同体"的内涵及

---

① [美]帕克·帕尔默.教学勇气：漫步教师心灵[M].吴国珍，等译.上海：华东师范大学出版社，2014：84.

意义，突出了"共同体"的"学习是相互的，成长是共同的"深层价值。

二、"师徒成长共同体"的建设要点

从以往的"师徒结对"到"师徒成长共同体"，不仅仅是名称的变化，事实上更是教师培训与专业发展理念的变化。因此，在学校教学管理实践中，其组织与实践也应该与以往的"师徒结对"模式不同，更应该体现"共同成长"的特点。

（一）从"指定配对"到"团队组合"

在师徒学习与成长的过程中，"指定配对"是初始阶段必不可少的做法。比如新教师刚入职，学校教学管理层为其指定一名有经验的教师指导工作，能够让新手教师碰到问题时有可以请教的对象。这既是让新手教师踏上工作岗位时，不会感到手足无措，同时也能使其感受到集体的亲切感、团队的认同感。前文已经谈到，单一配对式师徒结对操作比较简单，责任相对比较明确，但劣势也比较明显，如形式单一，发展受限。因此，当新手教师一旦对学校的整体情况与教学工作有了一定的体验之后，学校教学管理者更需要将师徒的单一配对转向团队间的群体组合，从而朝着"师徒成长共同体"的方向建构。

群体组合式的结对交流，一般是从"一对多"到"多对一"，最后到"多对多"的组合式学习交流。

"一对多"指的是有经验的教师是一位，新手教师是多位，比如一位语文学科的名师，可以引领多位语文学科的新手教师，重点在于指导、研讨语文学科专业的问题。

"多对一"则是指有经验的教师是多位，新手教师是一位，这是指向于一位教师成长于不同领域而言的。比如新手教师在学科教学专业维度的指导者一般由学科教学名师担任比较合适，而在班级管理方面的问题一般可以向有经验的班主任请教，在社团管理方面的问题则需要一位相关的指导者来引领。

"多对多"的组合也是更能体现"师徒成长共同体"的特质的。因为在这种组合过程中，体现着的是多向传输的特点，有共同研修与成长的可能性。因此，在确定"师徒成长共同体"中的引领者（或称为导师）需要学校教学管理者严格把关，慎重筛选，以保证共同体的健康发展。不能单纯以"名师"称号获得者为对象，更需要将愿意与新手教师共同学习的，且具有相应的专业特长的教师作为导师首选。

（二）从"单向学习"到"共同研修"

以往的师徒结对模式中，新手教师单向学习的意愿相对比较重。从许多学校的师徒结对"要求"条目中也能看出，在学校教学管理者的心目中，一般也更多强调新手教师要向有经验的师父学习，要求师父给予徒弟教师的指导保证一定的"量"。"师徒成长共同体"理念下的师徒结对模式，需要突破单向学习的目标定位，更需要从"单向学习"走向"共同研修"。

所谓共同研修，是指围绕某些实践问题共同探讨，一起解决，从而积累经验，甚至创新方法，形成具有推广价值的成果。有经验教师与新手教师摒弃单向传输，提倡共同研修，一起成长，旨在引导教师们"在做事中看见意义"[1]，在研修中共同经历，于经历中共同获取经验。实践中，共同研修的过程可以由以下三个方面来构成：

1. 围绕"真问题"

问题一般来自新手教师（或徒弟教师），也应该是新手教师工作实践中碰到的真实问题。比如，"学生不交作业，怎么办？"这是一位新手教师碰到的真实问题。[2] 这样的问题，因为真实存在着，所以必须想办法解决。而这个解决的过程则并不是那么简单的，可能需要做几个方面的工作，有些还只是属于假设。因为你们以往经验中感觉有效的方法，实施在如今的学生身上并不一定是有效的。

2. 突出"真体验"

比如要解决上面提出的"学生不交作业"的问题，一则需要师父提供一

---

[1] 赵继红. 初职教师 20 个怎么办 [M]. 北京：中国人民大学出版社，2017：9-84.
[2] 同[1].

些曾经采用过并能行之有效的方式，由新手教师去尝试；二来需要将反馈来的信息作一定的分析。比如，这样做了有效吗？是短期有效，还是能长期有效？如果无效，问题出在哪里？是方法本身的问题，还是应用过程中程序不当？是否可以在这种方法上作改进？……这个过程不能仅靠新手教师个体来分析，而是需要团队共同去完成。

3. 形成"真感受"

因为有了真切的体验，对于实践者来说，感受也会更真实与深刻。比如学生不交作业，我们不能简单地一概而论，采用单一的处置方法，而是需要分清学生不交作业的原因，是作业太难了不会做，还是教师对作业的要求没有讲清楚？是某位学生偶尔不交，还是个别学生习惯性不交？共同体成员就这些问题进行及时调研与处置之后，若取得了一定的效果，那么便可以将过程中的关键操作点明晰下来，以供以后解决此类问题参考。

有了以上三步的经历，相信成长共同体的意义也就有了体现。因为这样做的过程中，新手教师有了成长，引领教师在对某些问题的解决上有了新的认识，专业水平也会得到提升。

（三）从"个体有获"到"群体共进"

"师徒成长共同体"的核心理念突破了以往"促个体发展"的界限，而是努力从使得"个体有获"走向"群体共进"，从学校教学管理的角度来说，即体现了学校教学管理者努力将一切可以利用的机会为学校的整体发展服务，为全面提升教师的专业素养服务。这种管理思维当然也更加贴合现代社会合作共进、共同发展的组织建设理念。

"师徒成长共同体"当然认可团队中个体的成长，因为有了个体的成长，才有可能让群体、团队向更高层面发展。比如"共同体"中引领者的专业发展，很多时候会提升群体的眼界，打开群体发展的目标视界。但"成长共同体"的发展中，更加注重群体共进、团队的发展。唯有群体整体发展，才有可能带动团队内部更多成员的发展，才有可能让共同体的成长力更强。因此，在促进"师徒成长共同体"的发展中，我们可以做好以下两个方面的工作，以保障"群体共进"的有效实现。

一是关注个体的成长感受。因为学校内"师徒成长共同体"的组成元素是教师个体，因此在建设"师徒成长共同体"时，需要对"共同体"中的教师个体给予密切关注。比如需要关注新手教师的体验，是否能够真切地感受到共同体带来的能量，是否遇到了学习与成长的瓶颈，是否需要更多展示的机会等。当然同样需要关注"共同体"内引领教师的成长体验，是否需要加强引领发展的外部支持力，是否需要更宽广的学习视角与交流平台等。当学校教学管理者发现"共同体"内部的焦虑或问题时，需要及时地介入，以调节相关成员的心理，保障"共同体"能够良好地运行。

二是评量群体的发展状态。从学校管理角度来看，"师徒成长共同体"仍然属于学校内部的教师团队而已，因此其同样需要纳入到学校教育教学考评的对象之中。但对"共同体"的考评，不应该以个体为对象，更需要评量群体的发展状态，内容维度可考量"师徒成长共同体"中的学习状态与研修状态；形式维度可以案例展示、成果展评与专题汇报的方式，突出柔性评价，强化群体业绩。

三、"师徒成长共同体"建设的注意点

作为一种教师培养的创新模式，在学校教学管理的实践中，还没有相对成熟的操作流程，故而难免在实践过程中碰到困难，产生问题。结合"共同体"建设的一般要求，也讲两个注意点：一是"导"为主，二是"研"为重。

所谓"导"为主，指的是"师徒成长共同体"建设是一种类似于"教师自组织"的性质，学校教学管理者更多是给予方向上的把控，具体细节上的操作由"共同体"内部自主规划与自我发展。

"研"为重，则更多将教师专业发展建立在研究问题、解决问题的过程中，将新手教师的成长置于具体问题的解决与实践体验中，使其在脚踏实地中体会专业发展的意义。

建议35：相信教师能成为学校的主人

学校是什么？学校"是有计划、有组织、有系统地进行教育教学活动的重要场所","基本功能是利用一定的教育教学设施和选定的环境实施教育教学活动，培养社会所需要的合格人才"。[1]一所学校发展的落脚点是学生的成长和发展，但学生的成长和发展的关键则又取决于教师的素质。因为教师作为教育者，是直接与学生发生着关系、影响学生成长与发展的人。说白了，教师队伍的整体素质决定了一所学校的发展状况。因此，我们说，发展学校的根本在于发展教师，提升全校教师的专业素养。

那么，又由谁来发展教师，促进教师的专业素养提升呢？显然，除了其自身的努力之外，就应该是学校的管理者。而学校管理者的素养，又切实影响到学校教师整体发展状况。优秀的学校管理者，一定会认识到教师是学校教育的"主体"之一，教师也"需要爱的关注"，需要"得到认可"。[2]因此，他们一定会努力激发教师的主动性，激活教师的"主体"意识，使教师认识到作为"教育者"的意义，作为学校发展中的一员的价值。"个人化的意义其实毫无意义。……每一个人都为追寻意义而努力奋斗，个人的意义完全建立于对他人生命的贡献之上。"[3]学校作为一个社会组织机构，也正好可以成为教师社会情感表达的重要场所。校长需要在学校的发展中帮助教师寻找到实现人生意义的过程，"让每一位教师都能成为学校的主人"。[4]

---

[1] 劳凯声. 教育学 [M]. 天津：南开大学出版社，2001：66-67.
[2] 李烈. 给生命涂上爱的底色 [M]. 北京：高等教育出版社，2005：145-157.
[3] [奥] 阿尔弗雷德·阿德勒. 自卑与超越 [M]. 杨蔚，译. 天津：天津人民出版社，2017：7.
[4] 孙绵涛. 教育管理原理 [M]. 广州：广东高等教育出版社，1999：239.

一、"教师能成为学校的主人"的三重境界

"以人为本"应该已经成为了现代管理的基本理念了,学校的管理也不例外,而且学校的教育管理更需要做到"以人为本",比如"学为中心"的课堂便是以学生为本的体现。"教师的劳动是一种创造性的社会劳动。"作为学校的教育管理者,尊重教师的劳动,也就是维护了教师的创造性;提出让教师真正成为学校的"主人",也就是鼓励教师创造,支持教师自我发展、自我提高。我们可以从三个层次上来理解引导"教师成为学校的主人"的意义。

第一重境界:成为学科教学的主人

这也是每一位教师努力体验与感受的。对于这一点,还是比较容易理解的。因为承担学科教学是教师的基本工作,所以教师首先是通过学科教学与学生产生联系的。也许对于新手教师来说,在学科教学的过程中,还无法独立备课,无法轻松驾驭课堂,需要有经验的教师给予指导与帮助。但新手教师终究会成熟起来,最终还是得做到独立备课,对课堂教学的组织与调控驾轻就熟。事实上,想"成为学科教学的主人"的教师,一定会在所承担的学科教学中,深入研究教材内容,了解学生基础,会努力探索适合自己个性特点的教学方式,继而提升所承担学科的教学质量。

第二重境界:成为学生管理的主人

无论是班主任,还是非班主任,都会涉及学生管理的问题。班主任的学生管理范围可能会大一些,包括学生的学科学习的管理和班级活动的管理;非班主任则更多是学生的学科学习管理。不管是哪一层面的学生管理,一旦开始发生,便需要承担管理的教师对相关的事件作出判断,采用恰当的管理方法进行组织。这样的过程,一般需要管理者自主设计管理方案,自主选择管理方略,形成的管理方式也会贴有"你"的"个性化"的标签,很多时候别人是学不来的。事实上,一位想"成为学生管理的主人"的教师,必定会在把握不同年龄阶段学生的基础上,积极探索适合相应学生管理的"独

特"方法。

第三重境界：成为学校发展的主人

学校是教师工作的场所，也是实现职业理想与人生价值的重要平台。从学校角度来说，一所优秀的学校，提供给教师的不仅仅是一种教育，而是在建设一条"让教师的优秀得到发展，让学校的需求得到满足"的发展通道。由此我们可以这样来思考：教师在学校里努力工作之时，其实也是在为自己的发展建设更好的平台。因此，一位口碑良好、社会声誉比较高的优秀教师，一定不会仅仅是为个人的发展竭尽全力，肯定也是一位为学校发展尽心尽责的人。因为他知道，他的专业成长离不开团队，离不开学校的影响。

总之，学校教学管理者引导"教师成为学校的主人"的意义在于，让学校教师成为一位"眼中有学生，手中有技术，胸中有学校"的教师，才能集全校之力，办一所教学有质量、学生有发展、教师有特色、学校有声誉的学校。

二、"将教师培养成学校的主人"的三个层次

教师的"主人"意识并不是进入到学校就有的，而是需要学校管理者有意识地加以培养的。比如通过硬件的建设，软件的培育，氛围的营造，文化的熏陶等。当然，这些更多是外在物化层面的工作，最为重要的还在于着眼教师工作上的引领与专业上的助力。实践中，可以表现为以下三个层次。

（一）相信教师

信任感是人与人保持良好交往的重要因素，也应该是培养人、发展人的重要心理基础，即相信他能行，会给对方以更多的鼓励。心理学上有一个著名的"皮格马利翁实验"，讲的就是信任为一个人发展带来的力量。

当然，信任教师不是简单地通过口头上的鼓励与说教，是需要表现在学校的各项工作之中的。比如，将学校的发展定位告之于教师，有时甚至与教师讨论发展方向的合理与否，听取教师们的可行性建议，以适当调整目标，然后就是与教师一起朝着学校的发展目标携手前行。再比如，学校的教学

改革方案，同样需要与全校教师进行沟通，在把握教学改革总体方向的基础上，深度考虑学校的师资队伍特点与学校的办学方向，从而发挥学校教师的主观能动性。

信任教师更应该包括理解、悦纳与成全。所谓理解，即对教师成长过程中出现的问题能够站在教师个体的角度进行分析，在把握教师心理过程的基础上，给予适时适度的疏导、沟通交流。悦纳则是指对教师在处理教育教学工作中的一些突破常规，甚至有创意的个性化处理事情的方式能够及时接受、认同。成全则更多的是为教师个体成长提供助力的意愿与实质性帮助。

还有，信任不等于放任。信任之上有规则引导，有技术引领，才能更好地发挥每一位教师的优势，用好每一位教师的特长，减少学校发展中的弯路，与全体教师一起朝着学校共同发展的目标努力前行。

（二）帮助教师

帮助教师，其实就是发展学校。教师是学校教育教学工作的第一执行者，帮助教师就是为使其更好地完成教育教学工作。

帮助教师一般包含两个方面：一是专业上的帮助，二是生活上的帮助。作为学校的教学管理者，对教师专业上的帮助，首先是帮助每位教师树立"把自己培养成学校不可或缺之人"的理念。每位教师都是有发展潜能的，专业层面更是如此。当然，这并不是说，每位教师都能将自己的教学特色发展得很好，能成为各级各类名师。

帮助教师在专业上得到更好的发展，最主要的方式是引导教师在做好基本工作的前提下，充分认识到自身的特点并发展之。比如有些教师的特长在班级管理，便可引导这些教师深度研究班级管理的方法策略，结合实践总结经验，形成具有其个性特色的班级管理经验；有些教师擅长组织策划活动，便可以在少先队工作上发展，把学校的德育工作做出特色来；还有些教师有着艺术类的特长，比如舞蹈、声乐专业基础比较好的，体育专长比较明显的，当然也可以是爱好文学作品的，那么便可在继续发展这些专业或爱好的同时，将其应用到日常的教育教学活动中，组织相关的学生社团，带着那些对舞蹈或声乐感兴趣的，对体育运动或文学作品感兴趣的学生，经常开展活动,以进一步激发这些孩子的潜能,发展他们的兴趣特长。

而从学校教学管理的角度,因为这些教师需要在这些教育教学活动中有所作为,也需要他们在这些工作上更好地投入,更好地为学生服务,也便需要为他们的专业特长发展提供必要的培训进修的机会,从而更好地保持这些教师的专业特长水平。

帮助教师的第二个维度便是对教师的生活有所关心,在他们遇到困难之时给予必要的疏导与支持,以体现学校大家庭的温暖。北京实验二小原校长李烈曾经讲到了一位学校舞蹈教师从"老大难"成长为"骨干教师"的故事。她说:"因为工作的特殊性,这位教师从办公到上课总是孤零零一人,当时家庭生活也出现一些波折,我认为首先应该关心她的工作状态和生活状况,再谈她的工作表现。"[1]其实,在很多学校中,在有智慧的校长管理实践中,这样的事例应该是举不胜举的。

(三)发展教师

发展教师其实是学校发展的根本。每个个体都有一种追求自我实现的需求,发展教师更应该从教师的深度需要上着力。在马斯洛看来,自我实现"指的是人对于自我发挥和自我完成的欲望,也就是一种使人的潜力得以实现的倾向"。[2]唯有自我实现,才能使其更有独特感,更有个性色彩。因此,学校在教师团队建设的过程中,需要关注教师个体的需求,相信教师的发展潜力。当然,在这一点上,现代的学校教学管理者需要提升认知的层次。

教师需要发展自己。但这个发展不是简单地获取外在的"名"和"利",比如职称晋升,比如拿到奖金等。当然,这些外在的物化奖励对于教师来说,也是有一定的激励作用的,但最终需要摒弃这些外在的、物化的刺激,转而向内寻求内在的发展。"一个人做事,应该是'为己'的,不待外求,不为逐利,仅做这个事情本身就已经很快乐了。"[3]不要看到"为己"就觉得

---

[1] 李烈.给生命涂上爱的底色[M].北京:高等教育出版社,2005:276.

[2] [美]亚伯拉罕·马斯洛.动机与人格[M].许金声,等译.北京:中国人民大学出版社,2012:29.

[3] 吴志翔.我们热爱什么样的教育[M].北京:中国青年出版社,2011:91-92.

是品德的问题。此处的"为己",不是自私自利的意思,而是抛弃那些功利的目标,为寻求内心的宁静,对于教师而言,则是指享受"教书"这件事情本身带来的快乐,体会与学生共同成长带来的愉悦。

在这个飞速发展的时代,功利主义充斥的社会里,教师很难有真正实现"为己"的空间。因此,作为学校的教学管理者,要努力为教师创造"为己"的条件,使更多的教师成为"为己"者,唯如此,才能真正地将教师的发展引导到研究教育教学的本职上来,摒弃功利色彩,上好每堂课,关注每一位学生的发展。

当然,发展教师并不是所有涉及教师的事情都由学校包办,而是在于激活教师的"发展愿望","让教师成为自己职业发展的设计者、实施者"。[①] 也就是说,整个发展过程的主动权属于教师,学校及其管理者更多是激发内驱力,创造各种发展平台。

最后,再来强调一下,作为学校教学管理者,要充分认识到,让教师成长就是促进学校发展;唯有创造教师专业发展的良好空间,学校也才能于教师的发展中发展学校,提升学校的办学质量与影响力。学校教学管理者一定要相信教师可以成为学校的主人。

---

① 杨一青.搭建飞翔的舞台[M].北京:高等教育出版社,2005:65.

"团队建设"示例

顶层设计+精准施策:"入格"教师成长密码*

学校的扩容带来了新入职教师队伍的日益壮大,以2020年8月为例,教龄1~3年的总共有22位青年老师,约占教师总数的30%。他们是学校发展的新生力量,处在角色转型和环境适应期,亟待业务指导和榜样引领。"一年站稳讲台,三年独当一面,五年成为优秀教师,十年成为教学名师"体现的是新入职教师的职业生涯规划目标,也是学校发展目标。学校必须统筹考虑,顶层设计。而每个青年又是独立的个体,有自己的个性特点,发掘每位教师的潜力,精准培养,也是学校重中之重。基于上述现状,在"三格"基础上探索破解"入格"教师成长密码,成为学校当下发展的着力点。

一、顶层设计,构建适合"入格"教师共性发展的专业密码

认同是一种心理体认的肯定性,情感的趋同性,能最大限度地消除距离和隔阂,是"入格"教师转变角色、融入新团队成长的前提。

(一)入职培训——植入学校文化的精髓

如果说每年暑期新教师90学时集中培训是对新教师职业规范的全方位熏陶,那么学校依据校史校规,每年延续开展的定向性培训,则是每位新入职东小的教师对学校历史文化传承、学校工作规范的一次落地。通过"落地"使百年东小"启智明德、励志成人"的办学思想,与新时代"培养现代中国人"的办学理念深入内心,形成共同的教育愿景和价值观。

(二)"读书吧"——营造聚集"精、气、神"的舞台

"读书吧"——既有"读书吧!"的行动引领,又有"读书'吧'"的分

---

* 此文作者是浙江省嘉兴市南湖区东栅中心小学校长范冬云,选编时有删改。

享意蕴。促进"入格"教师的专业成长，须从人文入手，为"入格"教师营造充满"精、气、神"的舞台。而"读书吧"就是这样一个传递身边同事"精气神"的平台。项目时间点在每周一校本研训活动前10分钟左右。2012年创办初期只有一个栏目"经典读书会"，到如今已经新增了"校园故事会""主任秀兵法""你我话科研""入职初体验""心理加油站"等栏目，拓宽了"读书吧"的外延，更深化了"读书吧"的内涵。今天的"读书吧"传承创新厚积薄发，是学校三年发展规划中自定项目"故事校园建设"的生成点，旨在让每位教师成为"有故事"的好老师，成为"有情怀"的教育人。用每周"读书吧"的分享书写属于我们的故事，记录属于我们的成长。

（三）个人成长档案——精描专业成长的轨迹

教师的专业成长必须经历一个由不成熟到不太成熟再到相对成熟的过程，而成长内涵也是多层面多领域的。这是一项系统的工程，大致呈现这样一个态势（如右图）：

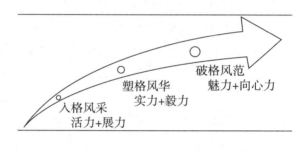

为此，需要在专业引领下，帮助"入格"教师为素养成长设计一个比较系统整体的规划，使成长有目标，有阶段，有措施，有成效。能够更加科学、规范，提高成长的效率，其核心意义在于"入格"教师能对自己的职业生涯有一个规划目标：一年站稳，三年独立，早日成才。能明晰自己的专业成长。具体操作时，一般采取两种方法：

一是设计中长期个人发展规划。一般三年为一个周期，确立规划让自己从"入格"到"塑格"的成长路径，并有显性的量化指标。

二是设计短期个人发展规划。一般以一学年为一个周期，确立职业道德、班级管理、课堂教学、教育科研等方面的细化指标，每位"入格"教师每学年完成教师个人成长档案，并通过自我管理、学校考核，使各个环节得到有效落实，全方面展示成长轨迹。

二、支持体系：多维联动，追求教育本真

制度鲜明的支持体系，是"入格"教师成长顺利的保障。

（1）"导师帮扶"制。根据教师任课情况，安排骨干教师与年轻教师结师徒，主要在课堂教学和教育科研以及班级管理能力方面发挥传帮带作用。"导师帮扶"的过程，既是对"入格"教师的指导，又是对"塑格""破格"教师的再锤炼，精益求精，共同成长。

（2）"科室负责"制。科室在"入格"教师培训中有三重身份：主导者、指导者、督查者。课堂教学能力责任到教务处，教育科研能力责任到教科室，班级管理能力等责任到德育室。统筹安排，使"入格"教师成长研究实践有效落实。如德育处负责开展的"入格教师班主任研究"，每周一次的交流互动适时解决了新入职教师"班级管理老大难"问题，更好地与学生、家长和谐沟通。另外以论坛交流、基本功比武、联欢、茶话会等形式使研究实践成为青年教师情感沟通的驿站。

（3）"骨干教师智囊团"。"智囊团"由校内外区级以上教育教学专家组成，他们都是在课堂教学、教育科研能力以及班级管理能力方面的行家，也许学科不同，但理念相通，学校充分发挥他们的先锋模范作用，定时、定点请骨干老师作微型讲座或课堂示范，传授优秀的教育心得。

（4）"校长领衔顾问团"。激活、评价、示范是校长在"入格"教师成长中扮演的角色，"顾问团"亲自参与研究推进工作，榜样引领，为"入格"教师传递"立德树人"之道；聘请专家，为"入格"教师提供教学之术；创新评价，为"入格"教师成长赋能。

四项制度联动作为"入格"教师成长研究强大的支持体系，为项目顺利有效开展保驾护航。

三、任务驱动：实现课堂内涵发展

任务驱动的点是"任务"，以课堂为主阵地，以儿童发展为中心，与成长密码有机结合，让任务有整体性、挑战性、关联性，为学生发展、教师成长更好地服务。

策略一:"扎实台下"工程——做足"十年功"

俗话说"台上一分钟,台下十年功"。青年教师要想尽快"入格"成长,要有打铁还需自身硬的决心,为帮助青年教师尽早精彩亮相,要建设好"台下"工程。

为此学校定期开展新教师基本功培训。一是专题讲座,由骨干教师定期为"入格"教师开设,内容丰富,形式多样,班主任培训、学科培训、科研培训等全方位铺开。二是视频培训,利用多媒体手段,培训"入格教师"熟练掌握媒体技术。三是阅读修身,推荐理论与实践结合的教育教学类书籍,撰写读书心得,在工作坊推荐书籍,畅聊心得。四是书法养心,每周二晚上参加书法班训练,定期在学校会议室公告栏中展示作品,苦练基本功,完美亮相课堂。

策略二:"主动亮相"工程——精彩四十分

1. 每月汇报课——沙场三练兵

每月汇报课由师徒共同选定上课内容,独立备课;首先听师父课堂演绎;然后二次修改教案;接着徒弟向学校约课,全校展示;最后根据导师和科室领衔人的建议,反思内化为自己的教学策略。

每月汇报课诊断形式:

听课诊断法:导师、科室领衔人根据听课情况进行诊断,提出诊断建议,可以是书面式的,也可以是面对面交流式的。

微格诊断法:应用微格教室的录像功能,录下汇报课,由上课老师自行诊断,撰写诊断反思。

课例诊断法:以丰富的教学课例形式,展示包含教师和学生典型行为、思想等的一个片段,据此作出诊断。

2. 擂台赛——三磨二环一结合

"入格"教师擂台赛既是三年内新教师一次教学技能的检验,也是一次亮相自己的机会。赛课采用"三磨二环一结合"模式,即整个赛课过程体现研磨的整个过程,磨课中一磨主题理念,二磨框架结构,三磨细节生本;呈现方式为课堂展示和主题分享,主题分享分为教研组研训过程的梳理与反思及亮点分享；整个过程采用"课题·课堂"相结合的模式，以科研带动研训深层次发生。

策略三："体验反思"工程——智慧"千字文"

自我反思是青年教师激活发展潜力、产生教学创新的基本条件。每次汇报课后，鼓励新教师有目的地反思。学校教科室引领"入格"教师每学年确定一个研究点，然后围绕研究点收集学习资料、尝试研究课、撰写教学案例、开展听评课反思（形成千字文），聚沙成塔，一学年完成一篇教学论文。主推下面两种方式：

课例跟进式——"入格"教师选定课例，抓住一点进行跟进式研究。教科室定期组织研讨，帮助梳理调整完善各自的研究点，每月撰写课例反思。

主题互动式——围绕某个主题开展专题讲座或上教研课。团队有针对性地研讨授课教师在某个主题上的得失。头脑风暴、取长补短，反思提炼收获。

策略四："项目研修"工程——一点带全面

"项目研修"工程以学习力项目为核心，以学生为中心，定期搜集"入格"教师教育教学中遇到的困难、困惑，确定项目研训主题，依托"一个点"，外邀内聘，每学期策划1~2次"项目化学习"研修活动。

驱动性问题："入格"教师自我诊断，梳理出一个阶段出现的课堂或汇报课中遇到的困惑或问题，学校梳理确定研训主题。

尝试性解惑：定点抛锚，"入格"教师围绕共同性问题，在理论与实践中求证，尝试解决疑惑。

参与式研修："入格"组内教师围绕问题分组展开讨论，现场头脑风暴，统一小组观点，分享交流，初步形成解决策略。

定向式解惑：根据各组形成的策略，学校邀请"智囊团"定向解惑，帮助"入格"教师完善解决问题的策略。

形成经验：教师根据研修活动，内化反思、再实践、提炼、提升。

四、个性施策：因人而异，精准滴灌

"入格"教师培养是一项长期系统的工程，需要顶层设计，系统培养，但它更是一项人文工程，每位"入格"教师都有独特的个性，拥有自身的特点，走进、了解、帮助他们，因人因材施策，采取"精准滴灌"式培养非常必要。

多元寻问：日常多渠道注意观察"入格"教师，课堂内、午餐时、散步间、闲聊中……走进他们，多元了解，发现各自遇到的问题。

精准滴灌：根据个性问题，分析原因，订制私人套餐，因人因地施策，精准滴灌，靶向培养。

提炼提升：帮助"入格"教师找出自身优势，宣传树立自信，助力成长。

"精准滴灌"式培养帮助"入格"教师寻找自身优势，重拾自信，助力专业成长。

参考文献

[1] [美]爱因斯坦.人类的未来会好吗[M].唐慧,冯道如,译.南京:江苏凤凰文艺出版社,2015.

[2] [加]马克斯·范梅南.教学机智——教育智慧的意蕴[M].李树英,译.北京:教育科学出版社,2001.

[3] 肖川.教育的理想与信念[M].长沙:岳麓书社,2002.

[4] 肖川.教育的智慧与真情[M].长沙:岳麓书社,2005.

[5] 肖川.教育的使命与责任[M].长沙:岳麓书社,2007.

[6] 黄武雄.学校在窗外[M].北京:首都师范大学出版社,2009.

[7] 郑杰.忠告中层:给学校中层管理者的47封信[M].上海:华东师范大学出版社,2013.

[8] 李烈.给生命涂上爱的底色[M].北京:高等教育出版社,2005.

[9] 杨一青.搭建飞翔的舞台[M].北京:高等教育出版社,2005.

[10] [日]米山国藏.数学的精神、思想和方法[M].毛正中,吴素华,译.上海:华东师范大学出版社,2019.

[11] [美]查尔斯·M·赖格卢特,詹妮弗·R·卡诺普.重塑学校——吹响破冰的号角[M].方向,译.福州:福建教育出版社,2015.

[12] 林崇德.21世纪学生发展核心素养研究[M].北京:北京师范大学出版社,2016.

[13] 陶行知.陶行知教育名篇[M].北京:教育科学出版社,2013.

[14] 经济合作与发展组织.理解脑:新的学习科学的诞生[M].周加仙,等译.北京:教育科学出版社,2014.

[15] [法] 安德烈·焦尔当. 学习的本质 [M]. 杭零, 译. 上海: 华东师范大学出版社, 2015.

[16] [美] 约翰·杜威. 民主主义与教育 [M]. 王承绪, 译. 北京: 人民教育出版社, 2001.

[17] 吴岩. 教育管理学基础 [M]. 北京: 清华大学出版社, 2005.

[18] 萧宗六. 学校管理学（第三版）[M]. 北京: 人民教育出版社, 2001.

[19] 胡适. 哲学小史 [M]. 北京: 新世界出版社, 2016.

[20] 鲁洁, 吴康宁. 教育社会学 [M]. 北京: 人民教育出版社, 1990.

[21] [美] 史蒂芬·柯维. 高效能人士的七个习惯（25周年纪念版）[M]. 高新勇, 等译. 北京: 中国青年出版社, 2015.

[22] [美] 帕克·帕尔默. 教学勇气: 漫步教师心灵 [M]. 吴国珍, 等译. 上海: 华东师范大学出版社, 2014.

[23] [加] 罗杰·马丁. 整合思维 [M]. 王培, 译. 杭州: 浙江人民出版社, 2019.

[24] 颜莹. 教育写作: 教师教育生活的专业表达 [M]. 南京: 江苏凤凰教育出版社, 2020.

[25] 成尚荣. 流派观察 [M]. 上海: 华东师范大学出版社, 2018.

[26] 成尚荣. 名师基质 [M]. 上海: 华东师范大学出版社, 2018.

[27] [美] 亚伯拉罕·马斯洛. 动机与人格 [M]. 许金声, 等译. 北京: 中国人民大学出版社, 2012.

[28] 张厚粲. 心理学 [M]. 天津: 南开大学出版社, 2002.

[29] 钱爱芙. 幸福学校的愿景与行动 [M]. 南京: 江苏人民出版社, 2017.

[30] 孙绵涛. 教育管理原理 [M]. 广州: 广东高等教育出版社, 1999.

[31] 上海教育传媒智库. 迈向新学习时代: 2014上海基础教育信息化趋势蓝皮书 [M]. 上海: 中西书局, 2014.

[32] 姚跃林. 让教育带着温度落地 [M]. 上海: 华东师范大学出版社, 2017.

[33] 斯苗儿, 俞正强. "浙江省中小学学科教学建议"案例解读（小学数学）[M]. 杭州: 浙江教育出版社, 2014.

[34] 任勇. 优秀校长悄悄在做的那些事儿 [M]. 上海：华东师范大学出版社，2017.

[35] 夏雪梅. 项目化学习设计：学习素养视角下的国际与本土实践 [M]. 北京：教育科学出版社，2018.

[36] 王洁，顾泠沅. 行动教育——教师在职学习的范式革新 [M]. 上海：华东师范大学出版社，2007.

[37] 浙江省教育科学研究院. 浙江省科研兴校200强风采 [M]. 杭州：浙江大学出版社，2005.

[38] 姜敏. 实践共同体视域中成熟期教师适应性专长发展的研究 [M]. 上海：上海科学普及出版社，2018.

[39] 张晓萍. 和谐：教育的发现与回归 [M]. 上海：上海辞书出版社，2005.

[40] [法] 古斯塔夫·勒庞. 乌合之众：大众心理研究 [M]. 夏杨，译. 北京：商务印书馆国际有限公司，2011.

[41] 余慧娟，董筱婷. 新时代学校使命 [M]. 上海：华东师范大学出版社，2019.

[42] 赵国忠. 教师最需要什么——中外教育家给教师最有价值的建议 [M]. 南京：江苏人民出版社，2008.

[43] 赵继红. 初职教师20个怎么办 [M]. 北京：中国人民大学出版社，2017.

[44] 劳凯声. 教育学 [M]. 天津：南开大学出版社，2001.

[45] [奥] 阿尔弗雷德·阿德勒. 自卑与超越 [M]. 杨蔚，译. 天津：天津人民出版社，2017.

[46] 吴志翔. 我们热爱什么样的教育 [M]. 北京：中国青年出版社，2011.

[47] 丁静. 新课程背景下对教学常规的反思 [J]. 全球教育展望，2005（7）.

[48] 王旭东. 精设计·巧管理：作业改革促"减负"精准落地 [J]. 中小学管理，2018（7）.

[49] 林莉，袁晓萍. 基于学术性探究的学科项目化学习设计与实施——以小学数学"校园数据地图"项目化学习为例 [J]. 上海教育科研，2021（1）.

[50] 韩金山. 校长课程领导力的关键词：引导、整合、凝聚 [J]. 人民教育，2019（15/16）.

[51] 黄云峰，朱德全. 教师课程领导力的意蕴与生成路径 [J]. 教学与管理，2015（4）.

[52] 刘学兵. 基于"五育"并举的课程表达——东北师范大学南湖实验学校"五向课程"的行动研究 [J]. 人民教育，2020（8）.

[53] 朱德江，费岭峰. 变革与寻衡："学导课堂"教改实践的区域探索 [J]. 基础教育课程，2020（12）.

[54] 魏林明. 评价是引领区域教学改革的关键 [J]. 基础教育课程，2020（12）.

[55] 朱德江，沈冰，阮翔. 探索体现课程性质的多元评价方式——浙江省嘉兴市南湖区小学英语和小学科学的学业评价改革实践探索 [J]. 基础教育课程，2014（23）.

[56] 张浩强，陈丽. 走向"主动学习者"：校本培训的理念更新与路径转型 [J]. 中小学管理，2021（2）.

[57] 程凤农，唐汉卫. 教师自组织：教师实践性知识管理的一种组织方式 [J]. 教育理论与实践，2014（1）.

后记

让教学管理的体验物化留存

对于学校的教学管理者,还有最后一个建议,那便是尽可能把自己对教学管理的思考与实践体验,写成文字,让经验物化。

从行动到文字,价值有三:可以把事情想得更清楚,更透彻;可以对过程的体验更加深刻;同时还可以让实践经验物化后留存下来。

所谓想清楚,即是指对行动的价值、意义与过程有深度的思辨,明白我们为什么要这样做,这样做会给我们带来怎样的收获。行动前想清楚的文字表达,一般以方案的形式呈现,包括目标的设定与路径的设计;行动中想清楚的文字表达,更多以关键问题剖析、过程方法比较以及叙述事件过程的形式呈现,可以是论文,可以是案例;行动后想清楚的文字表达,则以活动总结、成果提炼或案例反思的形式呈现。

深体验也就是在以上想清楚的基础上发生的。有了对所做事情的意义思考、过程剖析以及成果的总结提炼,一定会有行动过程中的得与失的感受,成功与失败的原因思辨,以及实践过程的切身体验。

最后,当把经验通过文字留存下来后,实践经验也就被物化了,可感了。而且这样的文字,一则可供自己再学习,再体味;二来也有利于与同行交流,相互学习借鉴。

当然,这也是我想将自己的教学管理实践体验写成一部书稿的初衷。

写作这部稿子的源起，是对"校本科研管理"中几个问题的思考。在写作《怎么做课题研究：给教师的40个教育科研建议》之前，我收集了99个与一线教师的教育科研有关的问题，后来梳理出了46个问题写成了17万多字的书稿。初稿分成六章，最后一章便是关于"校本科研管理"的，咨询华东师范大学出版社的朱永通老师，他建议"科研管理"要么作为"附录"放在书后，要么就不要了。最终由于全书文字较多，这部分内容索性就不再放入《怎么做课题研究》一书。

因为前期对于"校本科研管理"的问题有了较为深入的思考，同时也已经形成了一些体验类的文字，所以不用总感觉有点遗憾。这个时候，一个激发我围绕教学管理进行深入思考与研究的时机出现了。有时候，你正想做这个事情，而机会正好来了。这不就是所谓的"缘分"吗？

2020年9、10月间，因为疫情，单位取消了一直针对某所学校的"整体调研"，而改为了"教学管理走访式调研"。于是，原本确定小学只需要走访五所学校，我却走遍了全区的所有小学，也就有了对全区小学教学管理整体状况的了解，也有了与全区所有小学的教学校长们的对话交流。我发现各所小学虽然都有各自在教学管理方面的成功经验，但在教学管理上也存在着各种各样的困惑与问题，有时却苦于没有相关的指导，更缺少针对本校特点的解决方法。这个时候，在与校长们交流的过程中，我除了为他们"出谋划策"之外，还有一种想法变得越来越强烈，那就是我要写一本类似于"怎么做教学管理"的书稿，将我对教学管理的思考、实践经验与理想模样表达出来，形成可供参考的物化的材料。

接下来又有几件事情让我更加坚定了这种想法。一件事情是单位组织了一个"分管教学校长管理专题培训班"，以我为主来组织这个班的培训工作，特别是小学教学校长们，基本由我单独组织实践培训与项目交流，也就是说，我成了这个培训班的"班主任"之一。"教学校长培训班"除了提升理论水平，不就是应该讨论、学习关于教学管理的经验的吗？因为要组织培训，也便更需要有关于教学管理的深度学习与思考。写作不正是一种很好的方式吗？

另一件事情是在下校做"教学管理走访式调研"时铺垫好的。那时，每到一所学校，在与校长们交流后，我便布置一项任务，要求每所学校的教学分管校长整理一篇学校教学管理方面的经验，当然也可以是对最想解决的问题的思考。然后又用这些文章编辑了一期《南湖教育科研》（单位内刊，用于交流）的"小学教学校长管理经验专辑"。其实在读这些文字时，我能够清晰地感受到更多教学校长写的材料中，有对自己工作的投入以及对学校教学管理特色的喜悦。因为觉得这些经验挺有价值的，所以后来也便与《教学月刊》杂志社的陈永华社长、邢佳立主编取得联系，想借助"月刊"平台将一些好的经验进行发表，于是便有了 2021 年 4 月《教学月刊·小学版》（综合）上的"小学教学管理效能提升实践探索"的一组文章发表，四位教学管理者的文字呈现了四所学校的教学管理经验。到 2021 年 10 月，我又与《浙江教育科学》杂志社的杨群老师取得联系，将教学校长们关于校本研修的一组经验文章推荐给该刊，杨老师也很快回复，表示这样的经验很好，值得集中推广，并以"系统思维下的学校'校本研修'设计"为题，在《聚焦》栏目刊发了五位教学管理者的文字，也让五所学校的教学管理经验得以直观呈现。

而在整理专栏文章的时候，我每次都将专栏主题文章写好。在《教学月刊·小学版》（综合）的"小学教学管理效能提升实践探索"的系列文章中，我的主打文章是《重塑思维，提升学校教学管理者"四力"水平》，这篇文章重点探讨的是教学管理者的管理思维问题，强调作为学校的教学管理者，需要有全局思维、团队思维、整合思维与亮点思维。有了这篇文章打基础，我在写作《怎么做教学管理》一书时，第一章的内容基本就确定了，那便是重点谈论教学管理者的思想与思维问题。

到了 2021 年 3、4 月间，浙江省教育厅教研室一年一度的省教研课题申报开始了，我想到了要将带着教学校长们研究实践的过程做成一项课题。其实，这也是我一贯的工作习惯，以课题研究的方式做好实践工作，于是"系统思维下的学校教学常规'发生式'管理实践研究"诞生，并于 5 月被浙江省教育厅教研室立项为 2021 年度教研系统研究课题。到了这个时候，从想法到实践，又从实践上升到研究，关于"教学管理"的探索越来越深入，也变得越来越有意思了。

书中的大多数内容是我曾经在学校管理中的体验与经验，比如书稿中的第二、三、四章，还有第五章的前四篇；也有部分是基于现代学校管理理念而提出的，有着一定的理想色彩的管理思路，比如第一章和第五章中的后三篇。与朋友聊起过，我的人生一直是在理想与现实之间游走：保持理想，又能脚踏实地去做事。这些管理类的文字，应该能够体现我一直以来的处事风格。

与写作《怎么做课题研究》一书一样，我能够切实体验到，写作的过程，既是一个梳理明晰的过程，同时还是一个全面学习、深度思考与再收获、再成长的过程。在翻阅资料的过程中，我读了北京市第二实验小学原校长李烈的《给生命涂上爱的底色》、杭州市学军小学原校长杨一青的《搭建飞翔的舞台》等全国著名校长们的管理经验的书，还翻阅了诸如鲁洁、吴康宁等编著的《教育社会学》、萧宗六主编的《学校管理学》等管理类专著，真的是获益匪浅。感谢这些前辈专家的文字，为我的经验提供了足够多的理论支撑。

当然，由于自身的水平有限，书中的观点和做法难免有不当之处，恳请读者朋友们批评指正。

2023 年 1 月 19 日于静心斋

图书在版编目（CIP）数据

怎么做教学管理：给教学管理者的35个建议/费岭峰著.
—上海：华东师范大学出版社，2023
ISBN 978-7-5760-4048-7

I.①怎… II.①费… III.①中小学-教学管理 IV.① G637.3

中国国家版本馆CIP数据核字（2023）第136977号

大夏书系 | 教师专业发展

怎么做教学管理——给教学管理者的35个建议

著　　者	费岭峰
策划编辑	朱永通
责任编辑	张思扬
责任校对	杨　坤
封面设计	奇文云海·设计顾问
出版发行	华东师范大学出版社
社　　址	上海市中山北路3663号　邮编 200062
网　　址	www.ecnupress.com.cn
电　　话	021-60821666　行政传真 021-62572105
客服电话	021-62865537
邮购电话	021-62869887
地　　址	上海市中山北路3663号华东师范大学校内先锋路口
网　　店	http://hdsdcbs.tmall.com/
印 刷 者	北京密兴印刷有限公司
开　　本	700×1000　16开
印　　张	16.5
字　　数	252千字
版　　次	2023年9月第一版
印　　次	2025年6月第七次
印　　数	11 101-12 100
书　　号	ISBN 978-7-5760-4048-7
定　　价	65.00元

出 版 人　王　焰

（如发现本版图书有印订质量问题，请寄回本社市场部调换或电话 021-62865537 联系）